Gewaltformen wie Zwangsheirat, Verhaltens- und Kleidervorschriften, Einschüchterungen, Drohungen und Ehrenmorde, die unter dem Deckmantel von Traditionen, Religionen und Kulturen stattfinden, sind längst ein Teil unseres Alltags geworden. Die Träger und Trägerinnen solcher nicht auf Anhieb erkennbaren Gewaltstrukturen und Traditionsformen können alle Geschlechter und Geschlechtsidentitäten sein. Dabei sind sich die Betroffenen der Dimension des traditionsbedingten Denkens und Verhaltens oft nicht bewusst. Um die Gewaltspirale zu unterbrechen, bedarf es sowohl der theoretischen Analyse als auch der praktischen Arbeit mit Kindern und Jugendlichen.

Emina Saric ist Mitglied des Expertenrates für Integration und forscht zu Geschlechterverhältnissen in patriarchalen Lebenswelten. Sie lehrt an der Katholischen Pädagogischen Hochschule und am Ausbildungszentrum für Sozialberufe in Graz.

EHRE, SCHAM UND SCHANDE

PASSAGEN THEMA

Emina Saric

Ehre, Scham und Schande

Warum wird Frauen Gewalt angetan?

Passagen Thema
herausgegeben von
Peter Engelmann

Passagen Verlag

Deutsche Erstausgabe

Gedruckt mit freundlicher Unterstützung des Amts der Steiermärkischen Landesregierung, Abteilung 8 Gesundheit, Pflege und Wissenschaft.

Die Deutsche Nationalbibliothek verzeichnet diese Publikation in der Deutschen Nationalbibliografie; detaillierte bibliografische Daten sind im Internet über http://dnb.dnb.de/ abrufbar.

ISBN 978-3-7092-0450-4

Grafisches Konzept: Gregor Eichinger
Satz: Passagen Verlag Ges. m. b. H., Wien
http://www.passagen.at
Druck: Ferdinand Berger & Söhne GmbH, 3580 Horn

Inhalt

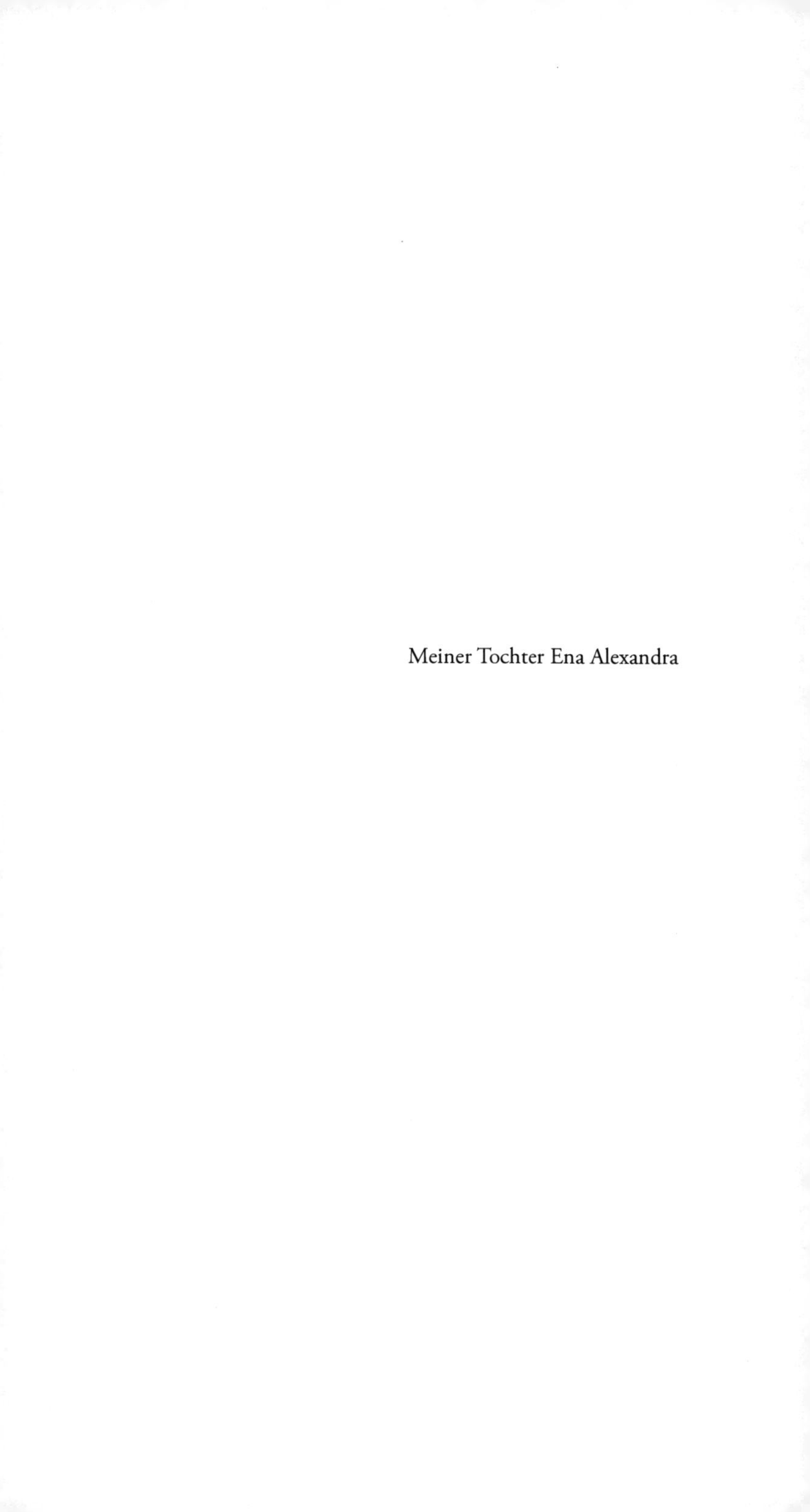

Meiner Tochter Ena Alexandra

Kultur als Orientierungssystem

Der Begriff der Kultur kommt ursprünglich aus dem Lateinischen und bezeichnet im wahrsten Sinne des Wortes das Bestellen des Bodens. Häufig wird der Begriff „Kultur“ mit „Zivilisation“ verwechselt. Kultur im engeren Sinne bedeutet „Verfeinerung des Geistes“, die sich in Bildung, Kunst und Literatur niederschlägt. Geert Hofstede bezeichnet Kultur als „mentale Software“ und versteht darunter einen weit gefassten sozial- und kulturanthropologischen Begriff. In der Sozialanthropologie umfasst der Begriff nicht nur Denk-, Fühl-, und Handlungsmuster, sondern auch gewöhnliche und niedere Dinge des Lebens: Grüßen, Essen, das Zeigen oder Nichtzeigen der Gefühle, das Wahren einer gewissen physischen Distanz zu anderen, Geschlechtsverkehr oder Körperpflege.[1]

Kultur ist immer ein kollektives Phänomen, da Menschen soziale Bindungen brauchen, um sich spiegeln zu können. All das, was Menschen erleben, versuchen sie auch mit anderen zu teilen. Dies geschieht vorwiegend im selben sozialen Umfeld, wo kulturelle

Gepflogenheiten gelernt werden. Kultur besteht aus den ungeschriebenen Regeln des sozialen Zusammenspiels. „Sie ist die kollektive Programmierung des Geistes, die die Mitglieder einer Gruppe oder Kategorie von Menschen von einer anderen unterscheidet“.[2] Kultur wird angelernt beziehungsweise angeeignet, sie ist nicht angeboren und unterscheidet sich einerseits nach der menschlichen Natur und andererseits nach der Persönlichkeit eines Individuums (siehe Abbildung 1).

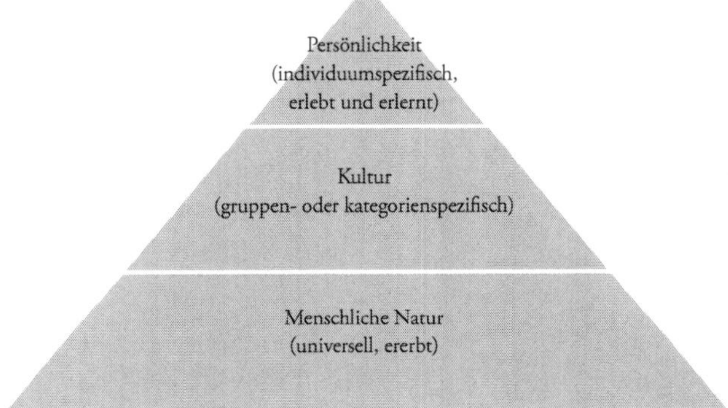

Abb.1: Natur, Kultur und Persönlichkeit

Kultur als Orientierungssystem stillt das zentrale menschliche Bedürfnis nach Orientierung im sozialen Umfeld und damit im Leben. Teil der Orientierungsfunktion von Kulturen ist es auch, ihren Mitgliedern Bewertungsmaßnahmen anzubieten, damit sie ihre Umwelt verstehen und bewältigen können. Diese Bewertungsmaßnahmen werden im Laufe der menschlichen Sozialisierung erworben und wirken meist automatisch, also ohne eine bewusste, kognitive Steuerung.[3]

Kulturelle Unterschiede zeigen sich auf verschiedenste Weise. Als ein klares Beispiel für die Manifestationen von Kultur dient hier das Bild einer Zwiebel[4], die sich aus vier Schichten zusammensetzt: Symbole, Helden, Rituale und Werte.

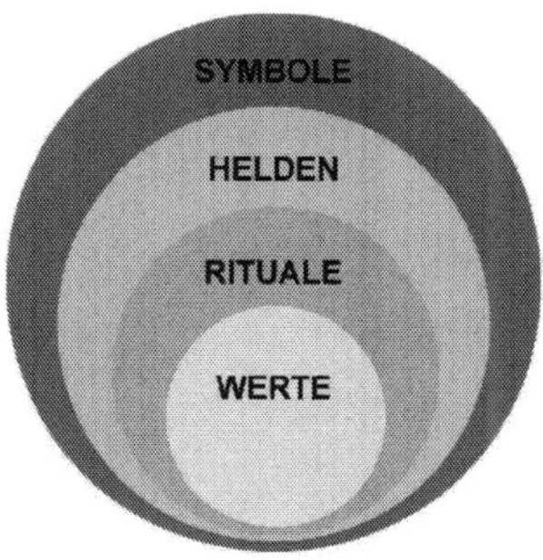

Abb.2.: Manifestationen der Kultur (vgl. Hofstede 2017)

Die Abbildung zeigt deutlich, dass die Oberflächenstruktur der Kultur aus Symbolen besteht, während Werte die am tiefsten gehenden Manifestationen von Kultur sind. Helden und Rituale liegen dazwischen.

Symbole sind Bedeutungsträger von Worten, Gesten, Bildern oder Objekten und können nur von denjenigen verstanden werden, die der gleichen Kultur angehören. Symbole wie Sprache, Fachsprache, Tracht, Kleidung, Flaggen und so weiter sind flexible Größen und können sich schnell ändern.

Helden stellen wichtige Vorbilder dar. Sie können tot oder lebendig sein und sind in einer Gruppe sehr angesehen. Solche Helden sind zum Beispiel Barbie, Batman, Wonder Women oder Asterix.

Rituale sind kollektive Tätigkeiten, die in einer Gruppe vorhanden sind und zur Zielerreichung oder dem Zweck der Festigung einer Gruppenkonstellation dienen. Sozial gesehen sind sie notwendig, um sich in einer Gruppe anerkannt oder integriert zu fühlen. Dazu gehören Formen des Grüßens, soziale und religiöse Zeremonien, geschäftliche und politische Zusammenkünfte und Diskurse. Die Ausübung dieser Praktika ist zwar für Außenstehende sichtbar, aber nicht interpretierbar.

Werte bilden den Kern der Zwiebel-Darstellung. Unter *Werten* werden allgemeine Neigungen, bestimmte Umstände oder aber Gefühle mit einer Orientierung zum Positiven oder Negativen verstanden: böse-gut; schmutzig-sauber; gefährlich-sicher; moralisch-unmoralisch. Werte werden sehr früh im Leben erworben. In den ersten zwölf Lebensjahren nehmen Menschen unbewusst alle notwendigen Informationen aus der Umgebung auf. Dazu gehören Symbole wie etwa die Sprache, Helden wie zum Beispiel die Eltern und Rituale wie das Toilettentraining.

Individuum und Kollektiv

Die Mehrheit der Menschen leben in Gesellschaften, in denen das Interesse der Gruppe über jene des Individuums gestellt wird. Hofstede bezeichnet solche Gemeinschaften als *kollektivistisch*. Der Begriff kollektivistisch wird in keiner politischen Konnotation verwendet, weil er sich nicht auf die Macht des Staates oder auf das Individuum bezieht, sondern auf die Macht der Gruppe. Die erste Gruppe in unserem Leben ist die Familie, und familiäre Strukturen können von Gruppe zu Gruppe durchaus unterschiedlich wirken. Kollektivistische Gesellschaften setzten Familienstrukturen voraus, in denen mehrere oder viele Menschen eng zusammenleben. Solche Familien umfassen nicht nur Eltern und Kinder, sondern auch Großeltern, Onkeln, Tanten und so weiter. Hierbei handelt es sich dann um die sogenannten Großfamilien. Kinder wachsen heran und lernen, als Teil einer „Wir"-Gruppe zu funktionieren, die nicht freiwillig eingegangen, sondern unbewusst verinnerlicht wurde. Die „Wir"-Gruppe bildet die Hauptquelle der Identität des Menschen und bietet gleichzeitig Schutz gegen die Gefahren des Lebens, daher schuldet man seiner „Wir"-Gruppe lebenslange Loyalität. Hier kann behauptet werden, dass sich zwischen dem Einzelnen und der „Wir"-Gruppe ein Verhältnis gegenseitiger Abhängigkeit entwickelt, das sowohl praktischen als auch psychologischen Charakter hat.

Gesellschaften, in denen das Interesse des Individuums Vorrang vor den Interessen der Gruppe genießt, sind weniger häufig. Solche Gesellschaften werden als *individualistisch* bezeichnet. Darunter versteht man sogenannte Kernfamilien oder Kleinfamilien, die aus zwei Elternteilen und eventuell weiteren Kindern bestehen. Kinder, die in einer derartig individualistisch geprägten familiären Struktur aufwachsen, lernen sehr schnell, sich selbst als „Ich" zu begreifen. Das „Ich", die persönliche Identität, unterscheidet sich vom „Ich" der Anderen, und diese Anderen werden nicht nach ihrer Gruppenzugehörigkeit klassifiziert, sondern nach individuellen Merkmalen. Vom Kind wird häufig erwartet, dass es das Elternhaus verlässt, sobald es eine gewisse Reife und Selbständigkeit erreicht hat.

Neurowissenschaften belegen, dass die soziale Umwelt das menschliche Gehirn formt. Kinder, die Gewalt erlebt haben und sich unwohl in ihrer Umgebung fühlen, verlieren bis zu 30% ihrer grauen Substanz.[5] Demzufolge ist es wichtig darauf hinzuweisen, dass soziale Umwelten, die auf der ganzen Welt unterschiedlich sind und das Gehirn der Menschen prägen, kulturell gefärbt und kultur- beziehungsweise traditionsbedingt sind. Ein Kulturmerkmal, das in den letzten 20 Jahren sehr gut zum Vorschein kommt und in Symbolen, Ritualen und Werten sichtbar wird, ist die unterschiedlich ausgeprägte Gemeinschaftsorientierung einer Kultur beziehungsweise das Maß an Individualismus. Zwei Drittel der Menschheit leben in „Gemeinschaftskulturen“ (*Collectivistic Cultures*) und ein Drittel der Weltbevölkerung ist individualistisch geprägt (*Individualistic Cultures*). Die meisten asiatischen und arabischen Länder sind durch eine Gemeinschaftskultur geprägt, die westlichen Länder wiederum ausgeprägt individualistisch orientiert. Hier möchte ich darauf hinweisen, dass es trotz dieser Differenzen im Einfluss der sozialen Umgebung auf Menschen einen gemeinsamen Nenner für alle Menschen gibt – nämlich, ein Mensch zu sein. Daher sollten diese kulturellen Ausprägungen mit Vorsicht behandelt werden, da sonst kulturelle Kategorisierungen entstehen könnten. Stereotype auf eine Kultur oder ein Volk anzuwenden, birgt immer die Gefahr in sich, dieselben auch negativ abzuspeichern und bestimmte Gruppen damit abzustempeln.[6]

Es lassen sich einige zentrale Unterschiede zwischen individualistischen und kollektivistischen kulturellen Milieus erkennen, ohne das eine oder das andere zu bewerten. In patriarchal strukturierten Gemeinschaften oder ehrkulturellen Milieus wird die Bewahrung des sozialen Zusammenhaltes in der Familie oder Großfamilie über individuelle Interessen gestellt. Die Identität eines Menschen definiert sich in einem traditionellen patriarchalen Kulturraum aus der Zugehörigkeit zu einer bestimmten Familie, einem Stamm und einer Religion und nicht aus seinen persönlichen Erfahrungen oder Erfolgen beziehungsweise Misserfolgen.

Soziale Zugehörigkeit ist für die meisten Menschen wichtig, aber ihre Bedeutung und Wertigkeit wird in individualistisch geprägten Milieus wesentlich geringer eingeschätzt. Vor allem aber wird sie selbst gewählt und kann, wenn sie einem Individuum nicht entspricht, ausgetauscht werden. Dieses Verhältnis zu einer Gemeinschaft ist in patriarchal geprägten ehrkulturellen Räumen hingegen eher etwas Unübliches, denn die durch Herkunft und Tradition begründete Zugehörigkeit wird nicht in Frage gestellt. Der Gruppe wird ein hoher Stellenwert beigemessen. In individualistischen kulturellen Milieus wird Wert auf die persönliche, individuelle Entwicklung der Einzelnen gelegt. Und auch hier gibt es selbstverständlich interindividuelle Unterschiede. Eine Ausbildung in einer fremden Stadt ohne Unterstützung der Familie anzutreten, ist in einem kollektivistisch erlebten Kulturraum eher eine Seltenheit.

Einen interessanten Unterschied zwischen individualistisch und kollektivistisch geprägten Menschen führt Joachim Bauer an. Westlich, individualistisch orientierte Menschen neigen dazu, in ihrer Sprache sehr genau zu sein und sich auf Fakten zu berufen. „Anderen mit Fakten die Maske herunterzureißen, halten bei uns viele für legitim“.[7] Bei Menschen, die in kollektivistischen Milieus aufgewachsen sind, treten Fakten in den Hintergrund, wenn sie zu einem Gesichtsverlust führen könnten. Hier herrscht das Gebot, das eigene Ansehen, aber auch das Ansehen Anderer nicht zu beschädigen. Tatsachen, Fakten oder Bemerkungen, die sich individualistisch orientierte Menschen erlauben, ohne verletzend sein zu müssen, können bei Menschen mit kollektivistischen Prägungen durchaus die Schmerzgrenze erreichen und zu Ehrverletzung führen. So entstehen sehr oft Missverständnisse im täglichen Zusammenleben oder Arbeiten, denn kollektivistisches Handeln beruht oft auf dem Versuch der Wiedergutmachung und nicht in erster Linie auf Bestrafung. Der Weg zur Polizei oder der Beratungsstelle ist eher ungewöhnlich. Die Klärung der Konflikte geschieht häufig untereinander beziehungsweise innerhalb der betroffenen Familien oder Clans.

Eines der bisher wichtigsten Ergebnisse der Gehirnforschung hat gezeigt, dass kulturelle Begebenheiten, Sozialisierungsmerkmale und Unterschiede unser Gehirn beziehungsweise die Ich-und-Wir-Netzwerke durchaus beeinflussen können.

Wenn man bei einzelnen Menschen in getrennten Unter-suchungen zunächst das Selbst-Netzwerk und dann das Wir-Netzwerk darstellt und wenn man daran anschließend das Aktivitätsmuster des Wir-Netzwerkes vom Selbst-Netzwerk abzieht, dann ist der Rest – also das „pure Ich" – bei Menschen aus Gemeinschaftsstrukturen signifikant kleiner als bei individualistisch erzogenen. Dies bedeutet, dass in Gemeinschaftskulturen sozialisierte Menschen nicht nur psychologisch, sondern auch neuronal ein Wir-Ich, ein Interdependent Self entwickelt haben, während sich in individualistisch erzogenen Menschen ein Ich-Ich, ein Independent Self herausgebildet hat.[8]

Hier ist anzumerken, dass dies nicht genetisch bedingt ist, denn ein Mensch hat bei der Geburt kein Selbst entwickelt, sondern erwirbt es durch Resonanzen von den Bezugspersonen aus seiner Umgebung.

„Die neuronalen Unterschiede im Selbst-System sind ausschließlich kulturbedingt, sie stellen einen Fingerabdruck der Kultur im Gehirn dar."[9] Dies bedeutet, dass kulturbedingte neuronale Sozialisierungsmerkmale durch neue, kulturelle Erfahrungen, Einflüsse und Alternativen verändert werden können. Veränderungen oder Verinnerlichung neuer Sozialisierungsmuster sind ein langwieriger Prozess und hängen von Faktoren ab wie etwa Bildungsgrad, urbane oder rurale Merkmale, Persönlichkeitsprofile, positive oder negative persönliche Erfahrungen und vielen mehr.

Kollektivismus gegenüber Individualismus

Hofstede beschreibt Gesellschaften als individualistisch, wenn Bindungen zwischen den Individuen locker sind. In individuellen Milieus kommen beispielsweise unterschiedliche Versorgungsmodi vor, in denen Kinder nicht verpflichtet sind, sich finanziell um ihre Eltern zu kümmern. Das übernimmt im Idealfall der funktionierende Staat. Das Gegenstück dazu, den Kollektivismus, beschreibt er dagegen als Gesellschaften, in „denen der Mensch von Geburt an in starke, geschlossene ‚Wir'-Gruppen integriert ist, die ihn ein Leben lang schützen und dafür bedingungslose Loyalität verlangen".[10]

Zudem führt er an, dass es Abweichungen gibt, allerdings ist die Zahl derer, die abweichen, geringer als die Zahl derer, die dem Muster entsprechen. In kollektivistisch geprägten kulturellen Milieus sind Menschen von „Wir"-Gruppen, aber in den meisten Fällen auch von Machtfiguren abhängig. Viele Großfamilien haben patriarchale Strukturen, in denen das Oberhaupt eine starke moralische Autorität ausübt. Es ist interessant, dass der Kollektivismus nicht immer vom Individualismus abgesondert betrachtet werden kann, sondern sehr oft beide in Kombination vorkommen und gedacht werden können. So findet man in den romanischen Ländern Europas, insbesondere Frankreich und Belgien, eine Kombination aus mittlerer Machtdistanz und starkem Individualismus. Eine geringe Machtdistanz in Verbindung mit mittlerem Kollektivismus findet man in Österreich und Israel, während in Costa Rica eine geringe Machtdistanz mit starkem Kollektivismus herrscht.[11]

Zudem ist es wichtig, die zwei Kategorien in der Familie zu betrachten, da die Familie den wesentlichen Kern der Beziehung zwischen Individuum und Gruppe darstellt. Wie bereits beschrieben, entstehen hier die ersten Wertfundamente. Das Kind lernt zunächst in der Familie, sich selbst als Teil eines „Wir" zu begreifen. Dies impliziert, dass das Kind in einer Großfamilie von klein an die Strategie mitbekommt, dass das Bewahren von Harmonie zwischen den Familienmitgliedern von großer Wichtigkeit ist. Daher sind direkte Konfrontationen unhöflich und unerwünscht. Das Wort „nein" wird nicht oft benutzt, denn „nein" zu sagen bedeutet bereits Konfrontation. In individualistischen kulturellen Milieus gilt es als eine Tugend, seine Meinung auszudrücken. Die eigene Meinung offen zu sagen, gilt als Charakteristikum eines aufrichtigen und ehrlichen Menschen. Konfliktbewältigung ist eine kultivierte Strategie in Familien.

Ein ehemaliger holländischer Missionar in Indonesien erzählte von der überraschenden Auslegung folgender Parabel aus der Bibel durch seine Gemeindemitglieder: „Ein Mann hatte zwei Söhne. Er ging zu dem ersten und sprach: Kind, geh und arbeite heute im Weinberg! Der antwortete: Ich gehe, Herr. Aber er ging nicht. Da ging er zum anderen und sprach ebenso. Der antwortete: Ich mag nicht; doch nachher überlegt er es sich anders, und er ging." Welcher von beiden hat den Willen des Vaters getan? Die Antwort der Bibel lautet „der zweite", aber die indonesischen Gemeindemitglieder des Missionars sagten, es müsse der erste sein; denn dieser Sohn beachtete die formale Harmonie und widersprach seinem Vater nicht. Ob er tatsächlich ging, war von sekundärer Bedeutung.[12]

Die Unterschiede zwischen kollektivistisch und individualistisch geprägten Milieus sieht man auch darin, welche Tendenzen es in der Kindererziehung im jeweiligen Milieu gibt. Kinder in kollektivistisch organisierten Familien lernen, sich an anderen Mitgliedern zu orientieren, wenn es um Meinungen geht. Dies bedeutet, dass persönliche Meinungen keinen hohen Stellenwert haben. Vorwiegend wird eine Meinung in der Gruppe gebildet und von ihr bestimmt. Kinder, die von der allgemeinen Meinung abweichen, haben in kollektivistischen Wertesystemen einen schlechten Charakter, da sie widersprechen. In individualistisch geprägten Familien erwartet man in erster Linie, dass das Kind sich eine Meinung bildet. Fehlt dem Kind die eigene Meinung, wird ihm ein schwacher Charakter zugeschrieben.

Die Loyalität zur Gruppe, aber auch das Teilen von Ressourcen, spielt im kollektivistischen Milieu eine große Rolle. In einer Großfamilie teilt man sein Einkommen mit den anderen, um zur Ernährung der gesamten Familie beizutragen. Verpflichtungen gegenüber der Familie sind auch in ritueller Art stark ausgeprägt, etwa bei Familienereignissen wie Taufen, Hochzeiten, Beerdigungen und so weiter.

Umgekehrt erwartet man in den Kernfamilien von den Kindern, dass sie ihre Aufgaben selbstständig erledigen, abhängig vom Alter kleinere Arbeiten verrichten und das eigene Taschengeld verdienen. Die meisten Kinder ziehen aus der elterlichen Wohnung aus und führen ein selbstständiges Leben. Natürlich hängt Letzteres sehr oft von ökonomischen Faktoren ab.

Hofstede nennt kollektivistische Kulturen auch „Schamkulturen“, während individualistische Kulturen als „Schuldkulturen“ bezeichnet werden. Menschen, die gegen Regeln oder Rituale verstoßen, haben Schuldgefühle und werden oft vom Gewissen geplagt, das innerlich angesiedelt ist. In kollektivistischen Gesellschaften sind Menschen beschämt, weil sie eine kollektive Pflicht verspüren. Scham ist gesellschaftlich, Schuld wird laut Hofstede als individuell empfunden. Auch die Phrase „Gesicht verlieren“ deutet auf eine intensive Beziehung zur sozialen Umgebung hin, während „Selbstachtung“ ein Pendant zu dieser Phrase wäre. Auch die Wahl der Ehepartner*innen wird von der Familie oder im Clan bestimmt. Die Ehe wird in kollektivistischen kulturellen Milieus als ein Vertrag betrachtet und nicht als eine Entscheidung zweier Menschen, die sich lieben.

In der Publikation ÖIF-Dossier 31 beschäftigen sich Hahn und Wertenbruch mit dem Konzept der Ehre und kollektivistisch beziehungsweise individualistisch geprägten kulturellen Milieus. So werden die Interessen der Gruppe in kollektivistischen Kulturen den Bedürfnissen eines Individuums übergeordnet; man ist Teil der Gruppe. Die Identität einer Person hängt von ihrer Zugehörigkeit zu einer Gruppe oder einem Kollektiv ab, daher ist die Konstruktion des Selbst in kollektivistischen Kulturen interdependent. In individualistischen Kulturen stehen Bedürfnisse von Individuen im Vordergrund. Menschen definieren sich über Leistungen und sind bemüht, an der Ausbildung einer eigenen Identität zu arbeiten, die unabhängig von Gruppenzugehörigkeiten ist. Eventuelle Gruppenzugehörigkeiten wie Vereine und Clubs fordern vom Einzelnen in individualistischen Gesellschaften weniger Pflichten ein, weil sie sich meistens nur auf bestimmte Bereiche des Lebens beziehen, wohingegen in individualistischen Kulturen Werte wie Unabhängigkeit und Einzigartigkeit des Individuums betont werden.[13]

Geschlechterdimension

Das Verhältnis der Geschlechter in individualistisch und kollektivistisch geprägten Gesellschaften weist ebenfalls einige Unterschiede auf. Hofstede betrachtet die Kategorie des Geschlechts in der Dimension der Femininität und Maskulinität und behauptet, dass es feminine beziehungsweise maskuline Gesellschaften gibt.

> Eine Gesellschaft bezeichnet man als maskulin, wenn die Rollen der Geschlechter emotional klar gegeneinander abgegrenzt sind: Männer haben bestimmt, hart und materiell orientiert zu sein, Frauen dagegen müssen bescheidener, sensibler sein und Wert auf Lebensqualität legen. Als feminin bezeichnet man eine Gesellschaft, wenn sich die Rollen der Geschlechter emotional überschneiden: sowohl Frauen als auch Männer sollen bescheiden und feinfühlig sein und Wert auf Lebensqualität legen.[14]

Obwohl die Einteilung der Geschlechter selbst sehr klischeehaft dargestellt wird, ist anzunehmen, dass es sich hier um Durchschnittswerte handelt, die in bestimmten Ländern anzutreffen sind. So schneiden Schweden, Norwegen, Lettland, die Niederlande, Dänemark und Finnland als stark feminine Länder ab, in denen es keinen Unterschied bei den Punktewerten von Männern und Frauen gab.[15] In stark maskulinen Gesellschaften wie Japan und Österreich ist die Kluft zwischen den Geschlechtern sehr groß. Das Geschlechterverhältnis befindet sich also in direktem Zusammenhang mit den Sozialisierungsmerkmalen einer Gesellschaft oder Kultur. So werden unterschiedliche Geschlechterrollen in der Familie schon sehr früh wahrgenommen, gespeichert und weitertradiert. In individualistischen Gesellschaften sind traditionelle Sichtweisen in Bezug auf die Geschlechterrollen durchaus bemerkbar, in kollektivistischen Gesellschaften, die auf hierarchisch patriarchalen Strukturen fußen, sind sie hingegen sehr ausgeprägt. Solche Differenzen beziehen sich häufig auf die weibliche Sexualität, wo zum Beispiel Frauen die Ehe unberührt eingehen müssen und Männer nicht.

Der Soziologe Pierre Bourdieu setzte sich im Rahmen seiner Untersuchungen über die Kultur der Kabylen mit kulturellen Praktiken und dem Geschlechterverhältnis auseinander. Die Kategorie des Geschlechtes wird in diesem Zusammenhang besonders interessant, da sie differenzierte Sozialisierungsmerkmale noch mehr unterstreicht. Laut Bourdieu haben die Bergbauern in der Kabylei bis heute Strukturen in ihrer Kultur bewahrt, die eine paradigmatische Form der „phallo-narzißtischen" (sic!) Sicht und der androzentristischen Kosmologie darstellen, die in unseren kognitiven und sozialen Strukturen noch immer lebendig sind. Die Kabylei stelle eine pragmatische Realisation der mediterranen Tradition dar. Bourdieu verweist auf ethnologische Untersuchungen, die sich dem Problem Ehre und Scham in mediterranen Gesellschaften widmen und benennt sie: Griechenland, Italien, Spanien, Ägypten, die Türkei, die Kabylei und so fort. Hier wird ein neuer Aspekt erkennbar, nämlich, dass die gesamte europäische Kultur an dieser Tradition partizipiert.[16]

In der Kabylei muss die Frau, die sich von den öffentlichen Orten fernhält, gewissermaßen darauf verzichten, von ihrem Blick und ihrer Sprache öffentlich Gebrauch zu machen.

> In der Öffentlichkeit bewegt sie sich nur mit zu Boden gesenktem Blick. Und das einzige Wort, das sich für sie schickt, ist „ich weiß nicht", die Antithese zur Sprache des Mannes, der entschiedenen, bündigen und zugleich überlegten, gemessenen Rede.[17]

Bourdieu spricht hier von der „männlichen Ordnung“,[18] die keiner Rechtfertigung ihrer Existenz bedarf. So wird die männliche Ordnung zur sozialen Ordnung, die auf den ersten Blick neutral und naturgegeben erscheint. Sie wird in Diskursen als solche wahrgenommen, legitimiert und ratifiziert. Durch die soziale männliche Ordnung, die den Unterschied zwischen den biologischen Geschlechtern herstellt und reproduziert, entstehen auch kulturelle und traditionelle Praktiken, die eine Segregation der Geschlechter weiter vertiefen, legitimieren und im kulturellen Gedächtnis speichern. „Und dieser gesellschaftlich konstruierte Unterschied wird dann zu der als etwas Natürliches erscheinenden Grundlage und Bürgschaft der gesellschaftlichen Sichtweise, die ihn geschaffen hat.“[19] Nach dieser „Urmatrix“ der Geschlechtergegensätze (Pflugschar/Furche, Himmel/Erde, Feuer/Wasser, passiv/aktiv, feucht/trocken), die mit dem Geschlechtsakt als männlich dominiertem Herrschaftsverhältnis konnotiert ist, erscheinen alle kulturellen Merkmale und Geschlechterdifferenzen als naturgegeben. Sie werden allerdings nach dem androzentristischen Einteilungsprinzip durch die Routinen der Arbeitsteilung und der kollektiven Rituale organisiert und eingeprägt.[20]

Wenn man diese Sozialordnung mit dem Zwiebelmodell der Kulturdimensionen von Hofstede vergleicht, kann festgestellt werden, dass die Werte vieler kollektivistisch geprägten kulturellen Milieus androzentristisch orientiert sind und „männlich“ als normal konnotiert und legitimiert ist. Die männliche Weltsicht konstruiert das weibliche Geschlecht so als seinen Gegensatz und daher als untergeordnet, was sich in den anderen dargestellten kulturellen Schichten wie Ritualen, Helden und Symbolen widerspiegelt.

Daher kann an dieser Stelle resümiert werden, dass in jenen kulturellen Milieus, welche die Segregation der Geschlechter in Symbolen, Helden und Ritualen unterstreichen und reproduzieren, die Werte stärker patriarchal und männlich dominant sind, und umgekehrt. Sind die Werte in einem kulturellen Milieu stark patriarchal ausgeprägt und männlich konnotiert, schlagen sie sich in Symbolen, Ritualen und Helden nieder.

Ehrkulturen und Patrilinearität

Mit dem Begriff „Ehrkulturen“ beschäftigen sich die Autoren Hahn und Wertenbuch und definieren sie als Kulturen, in denen Ehre und Schande eine zentrale Rolle spielen und auf Normen, Werte und Verhalten ein größerer Wert gelegt wird als in individualistisch geprägten Kulturen.[21]

Ehrkulturelle Milieus sind vorwiegend hierarchisch organisiert und als solche wirken sie geschlechtssegregierend. Das bedeutet, dass unterschiedliche Normen für weibliche und männliche Gruppenmitglieder vorherrschend sind und von ihren Mitgliedern befolgt werden. Ein vom Ehrkonzept abweichendes Verhalten wird nicht geduldet, da die ganze Gruppe beziehungsweise die Gemeinschaft dadurch in Frage gestellt würde. Falls es zu einem abweichenden Verhalten in Bezug auf den Geschlechterkodex kommt, sich eine Frau zum Beispiel nicht an die zugeschriebenen Geschlechterrollen hält, wird die „beschämende“ Tat von der ganzen Gruppe verurteilt und als kollektive Schande empfunden. Der gruppendynamische Verlauf mündet in der sogenannten Ehrverletzung des Mannes. Für diese stehen unterschiedliche Sanktionen zur Verfügung, die in der Gemeinschaft als Regeln empfunden werden. Die Ehre muss wiederhergestellt werden, da der Ruf des Mannes von dem Verhalten der Frau abhängig ist.

Emotionen wie Scham, die im Selbst-Konzept angesiedelt sind, werden durch Ehrverletzung getriggert. Das Individuum wird beschämt und damit von der Gemeinschaft ausgeschlossen.

Hier soll darauf hingewiesen werden, dass ein Verantwortungsgefühl der männlichen Gruppen-mitglieder für das eigene sexuelle und emotionale Verhalten fehlt beziehungsweise auf das weibliche Geschlecht übertragen wird („Männer sind so"). Ehre wird dadurch zu einer patriarchalen Macht erhoben und ritualisiert. Sie dient der Männlichkeit („ein Ehrenmann"), steuert seine Gedanken, rechtfertigt, legitimiert Gewalt am anderen Geschlecht und leitet sein Handeln, denn „er (der Mann) kann nicht anders." Die Ehre der Frau wird negativ erlebt, sie muss verteidigt werden und kann verloren gehen.

„Die Übersteigerung der männlichen Werte hat ihre Schattenseite in den Befürchtungen und Ängsten, die die Weiblichkeit hervorruft: Einmal, weil die Frauen schwach und die Ursache von Schwäche sind und als Verkörperung der Verwundbarkeit der Ehre gelten (der h'urma)."[22]

Die Segregation der Geschlechter findet hier direkt statt, da Frauen in ehrkulturellen Milieus als Objekte wahrgenommen und damit ein Teil der symbolischen Güter sind und als solche konstituiert werden. Frauen werden in diesem Zusammenhang Rollen zugeschrieben, nämlich die Rolle „zur Erhaltung oder Mehrung des den Männern gehörenden symbolischen Kapitals".[23]

Trotz der vielschichtigen Bedeutung des Begriffes „Männlichkeiten“ kann hier behauptet werden, dass nicht nur Frauen Objekte des vorherrschenden Patriarchats sind, sondern auch Männer, denn auch sie sind in den ihnen zugeschriebenen Rollen gefangen, auch sie sind Opfer auf eine verborgene Weise. Ihre „patriarchalen Dividenden“ gelten zwar als privilegiert, münden aber sehr oft im versklavten Verhältnis in Bezug auf die ihnen zugeschriebenen Männlichkeitsrollen, die sie zu erfüllen haben.

„Das männliche Privileg ist eine Falle und findet seine Kehrseite in der permanenten, bisweilen ins Absurde getriebenen Spannung und Anspannung, in der die Pflicht, seine Männlichkeit unter allen Umständen zu bestätigen, jeden Mann hält.“[24] Die Kehrseite der Ehre ist die Scham. Daher sucht man(n) die ständige Bestätigung der „wahren Männlichkeit“ durch die Zugehörigkeit der Gruppe. Männlichkeit wird in der Gruppe konstruiert und von anderen Männern beglaubigt sowie ständig unter Beweis gestellt.

Wird die soziale Konstruktion von Männlichkeit mit den kulturellen Schichten wie Ritualen und Helden (1. Kapitel) in Verbindung gebracht, muss auch auf ritualisierte Formen zur Darstellung von „Männlichkeit“ zu sprechen gekommen werden. Jugendbanden, gemeinsame Bordellbesuche und in extremer Ausprägung auch Gruppenvergewaltigungen sollen den Zusammenhalt stärken und die „wahre Männlichkeit“ der Einzelnen prüfen. In diesem Sinne soll auf die Abhängigkeit der Männlichkeit vom Urteil der Gruppe und die damit einhergehenden permanenten Versagensängste hingewiesen werden. Sogenannte Mutproben könnten in der Folge als „Angstproben“ umgedeutet werden, denn der Einzelne befürchtet, die Achtung und Bewunderung der Gruppe oder „das Gesicht“ zu verlieren und als „Schwächling“ oder als „Schwuler“ abgestempelt zu werden. Diese Angst treibt immer wieder zu neuen grausamen Gewalttaten an. Diktaturen, Ausbeutung, Vergewaltigungen oder Internate sind sehr oft Demonstration von der Macht überlegener Männlichkeit. „Wie man sieht, ist die Männlichkeit ein eminent relationaler Begriff, der vor und für die anderen Männer und gegen die Weiblichkeit konstruiert ist, aus einer Art Angst vor dem Weiblichen, und zwar in erster Linie in einem Selbst.“[25]

Patrilinearität und Familienverhältnisse am Balkan

Der Historiker Karl Kaser untersuchte patriarchale Familienverhältnisse am Balkan und stellte fest, dass am Balkan viele ritualisierte Phänomene aus der Vergangenheit tradiert werden, die das Patriarchat erhalten, wiederherstellen und ins kollektive Unbewusste einprägen, was sich bis heute enorm auf die Segregation der Geschlechterrollen auswirkt.

Er definiert den traditionellen „Balkanfamilienhaushalt“ als ein horizontales und vertikales (also generationenübergreifendes) Netzwerk, das Verwandtschaft nur über die Männer weitergibt und dort überlebt, wo der Staat schwach und das Umfeld unsicher ist. In der Sphäre der Politik ist der Klientelismus eine Weiterentwicklung des familiären Solidaritäts- und Zwangsverbandes.[26]

Die Gegner und Gegnerinnen der Meinung, dass eine Ungleichberechtigung von Männern und Frauen auf dem Balkan in Vergangenheit und Gegenwart besteht, werfen ein, dass die Frau die eigentliche Macht besitze, da sie zu Hause das Geschehen bestimme, und das sei immerhin die entscheidende Sphäre. An dem Teil des Argumentes ist etwas Wahres, denn Frauen bestimmen auch unter extremen patriarchalen Verhältnissen das Geschehen im Haus. Hingegen muss sehr bezweifelt werden, dass die häusliche Sphäre die entscheidende ist.[27]

Die Vater-Sohn-Beziehung bildet überhaupt erst das Rückgrat der patriarchalen Struktur. Sie entsteht aufgrund des archaisch übertragenen Bildes der männlichen Omnipotenz und der Übertragung der männlichen Rollenzuschreibungen auf die nächste Generation. Der Sohn soll seinen Vater als Vorbild nehmen und seinem Weg folgen. Die Autorität des Vaters wird nicht in Frage gestellt. Diese Beziehung funktioniert, solange sich der Sohn nicht dagegen auflehnt. So gesehen ist eine Vater-Sohn-Beziehung autoritär und keinesfalls freundschaftlich. Ein übermäßiger Alkoholgenuss kann etwa einen Beweis für „Männlichkeit" darstellen. Hier möchte man beweisen, dass der Sohn robust ist und den Alkohol (vorwiegend den Genuss von Schnäpsen) vertragen kann. Durch die „Stärke" beweist der Sohn nicht nur dem Vater, dass er darin Ausdauer hat, sondern setzt sich in der Gruppe der Männer, der Verwandtschaft und dem Umfeld durch. Sollte er Schwäche oder Interesse an einer weiblich konnotierten Tätigkeit (Kochen, Kindererziehung oder Liebe) zeigen, wird er in den meisten „Männerseilschaften" als Schwächling abgestempelt.

Hegemoniale Männlichkeit hat am Balkan eine starke Stütze in Männerseilschaften und wird als „Erbe" auf die nächste Generation übertragen. Sollte sich der Sohn dagegen auflehnen oder homosexuell sein, droht ihm der Ausschluss aus der Community beziehungsweise aus den Männer-seilschaften.[28] Auch die Treue zu einer Partnerin

(Monogamie) wird belächelt, da so ein Charakteristikum keiner der männlichen Rollenzuschreibungen entspricht.

Die Ursachen für die Erhaltung des Patriarchats werden in unterschiedlichen europäischen Formen des Erbrechts untersucht. Der französische Soziologe Le Play konstatiert, dass „das ungeteilte Bodenerbe der Stammfamilie entspreche und dass es überall dort in Europa, wo das teilbare Erbe praktiziert werde, zu zwei unterschiedlichen Formen von Haushalt und Familie kommen konnte: zu komplexen bzw. frérèche und zu Kernfamilienhaushalten."[29] Diese These führt jedoch zu einer Pauschalisierung.

Vielmehr sind es unterschiedliche Faktoren, die zu einer Entstehung von Haushaltsmustern führten. Ein wichtiger Aspekt in Bezug auf die Erbsysteme ist die Selbstbestimmung der bäuerlichen Ordnung. Denn die wurde nach kulturellen Traditionen und nicht nach staatlichen oder rechtlichen Regeln entschieden.[30]

Die Gestaltung von Familienhaushalten am Balkan lässt sich schwer zuordnen. Eine ähnliche Struktur der Kernfamilie, die sich im frühen Mittelalter im westlichen Teil Europas entwickelte, entfaltete sich am Balkan verzögert. Seit dem 16. Jahrhundert wurde die Bauernfamilie des Balkans durch die osmanischen Eroberungen mit einer neuen muslimischen Schicht der Grund-herren konfrontiert, was in diesem Teil Europas zu einer Art „Refeudalisierung" führte. Indem die christliche Bevölkerung zu höheren Steuerleistungen verpflichtet war, fiel der Boden nach der Eroberung des Balkans in den Besitz des Osmanischen Reiches. Im 16. Jahrhundert gab es am Balkan 81% christlicher Bevölkerung, 18,6% Muslime und 0,4% Juden. Im 19. Jahrhundert verdoppelte sich die Anzahl der Muslime, so dass der muslimische Anteil 40% betrug und der Anteil der Christen 60%. Das neue Recht, mehr Abgaben, die zu leisten waren und schlechtere Lebensbedingungen für Bauern führten dazu, dass sich viele von ihnen in Gebirgsregionen zurückzogen. Ab dem 16. Jahrhundert waren die Gebirge am Balkan dicht besiedelt. Das freie Leben war hart erkauft. Untereinander entwickelte man das Leben nach Stammesprinzipien: Abstammung, Abstammungsgruppen und Ahnenverehrung bildeten eine besondere Form des Patriarchats – die Patrilinearität. Besonders stark ausgeprägt war diese Art der Lebensorganisation in Nord-Albanien, Montenegro, weniger stark in Nordgriechenland, Serbien, Bosnien und Herzegowina, auf Peloponnes und Kreta. Die Gründe für eine Entwicklung solcher spezifischen patriarchalen Sozialstrukturen waren beispielsweise spezifische wie ökologische Rahmenbedingungen, das der Natur Ausgesetzt-Sein und die vielfältigen Gefahren in den Gebirgen.[31]

Die weibliche Rolle in der Patrilinearität

Das Männererbrecht war entschieden weiter verbreitet als das Individualrecht. Die Entwicklung der Erbrechtspraxis ging Hand in Hand mit Systemen der Männerherrschaft. Sie hat das immobile Eigentum des Vaters, das Erbgut, zur Grundlage, das nicht an Töchter oder Frauen weitergegeben werden durfte. Das Gesetzbuch von Dusan (*Dusanov zakonik*) erwähnt Ausnahmen wie das erkaufte oder erworbene Gut.[32]

Im Osmanischen Reich, und damit auch in einigen Balkangebieten, gab es keine Institution der Erbschaft und der Universalnachfolge. Es gab nur fixe Eigentumsbestandteile eines Verstorbenen, die nach Verwandtschaftsgraden zur Verteilung gelangten beziehungsweise vorgesehen waren. Hier wurden immer zuerst Söhne bevorteilt behandelt. Die Töchter hatten lediglich ein Anrecht auf ein Hochzeitsgeschenk und eine entsprechende Versorgung. In der osmanischen Reformzeit wurde zwar das Erbrecht auf die Töchter ausgeweitet, änderte sich in der Praxis jedoch nicht im Sinne eines gleichberechtigten Männererbes. „Ein Paar, das keine männlichen Erben hat, adoptiert gewöhnlich den Sohn eines nahen Verwandten; ein Mädchen wird in keinem Fall adoptiert."[33]

Auch in Bosnien und Herzegowina, in dem eine muslimische, serbische und kroatische Bevölkerung lebte, wurden unter Einfluss der islamischen Rechtsreform Frauen zwar in die Erbaufteilung miteinbezogen, das meiste teilten jedoch die Brüder unter sich auf. Die kroatische und serbische Bevölkerung teilte das Erbe gleichberechtigt unter den Söhnen und unter Ausschluss der Töchter auf. Dies änderte sich allmählich durch den Bedeutungsverlust des Bodens für die wirtschaftliche Existenz und die verbesserte gesellschaftliche Position der Frau.

Hier wird deutlich, dass Frauen, unabhängig von Rechten und religiösen Gewohnheiten, durch die Teilung der Erbschaft in männlich dominierten patriarchalen Strukturen in Europa vorwiegend ausgeschlossen waren. Auch in einigen Balkanländern wie zum Beispiel Bulgarien oder Bosnien und Herzegowina gibt es traditionelle Praktiken in der bosnischen, kroatischen und serbischen Bevölkerung, nach denen Frauen, trotz der Reformen im osmanischen Recht, regelrecht benachteiligt sind. Das Recht auf Erhaltung des Bodens ist seit dem Mittelalter in Männerhand und bleibt da bis ins 19. und 20. Jahrhundert.

Da Frauen praktisch kein immobiles Gut besitzen durften, mussten sie auch auf das Recht auf Boden verzichten. Diese Tatsache verweist auf den Status der Frau im Mittelalter und zugleich auf die Formierung der Machtverhältnisse, die noch heute ihre Wirkung zeigen. Frauen wurden aus der Erbteilung vorwiegend ausgeschlossen und somit entmachtet. Ihr rechtlicher Status in der Gesellschaft wurde dadurch schwächer als der des männlichen Geschlechtes. Die ungleichen Besitz- und also Machtverhältnisse verfestigten die Herrschaft des Patriarchats, in dem das männliche Geschlecht zum handelnden Subjekt und das weibliche Geschlecht zum Objekt und Besitztum wurde. Diese zugewiesenen Rollen entstanden aus der männlichen Vorstellung darüber, wie das Objekt – also die Frau – zu sein hat. Das bezog sich nicht nur auf ihre Weiblichkeit und ihren Körper, sondern erstreckte sich auf Bereiche und Aufgaben, die sie zu verrichten hatte. In erster Linie wurde ihre Rolle als Mutter, Erzieherin und Ehefrau hervorgehoben. Um das patriarchale Gedankengut zu erhalten und zu festigen, stilisierte man das weibliche zum „schwächeren Geschlecht" und die Rolle der Frau als Mutter und Ehefrau wurde als „natürlich" postuliert. Das ergab sich aber gerade aus der Entmachtung und Verdrängung der Frauen in Erbrechtsfragen.

Patriarchale Familienverhältnisse

Orientieren wir uns an Erbgewohnheiten im europäischen Raum im Mittelalter, kann festgestellt werden, dass Frauen in der Verteilung der Machtverhältnisse zwischen den Geschlechtern im westlichen Europa eine schlechtere

Position als im europäischen Mittelmeerraum, und eine bessere als im östlichen Europa hatten.[34] Im Laufe des 20. Jahrhunderts hat diese Familienideologie im östlichen und westlichen Teil Europas einen Wandel von der ahnenzentrierten zu einer gattenzentrierten Familienideologie erfahren. Das ahnenzentrierte Element erhält sich am Balkan in einigen Gebieten und geht davon aus, dass der Hauptzweck der Ehe darin besteht, die Reproduktion der Patrilinie zu erfüllen.

Zu den männlichen Rollen gehörte die Erhaltung der männlichen Linie, indem gewährleistet werden musste, dass die Erben auch wirklich blutrein sind. Man hat sich also um Sicherstellung der eigenen Blutlinie bemüht. Diese war nur mit einem Mittel herzustellen: Mit strenger Kontrolle der weiblichen Sexualität. Aus der weiblichen Sexualität wurde eine Art der Tugend abgeleitet und auf diese Weise als Wert in der Gemeinschaft postuliert und normiert. Jede Form der weiblichen Sexualität wurde als abnorm empfunden und in unterschiedlichen Modalitäten sanktioniert. Männer mussten die Patrilinie in Ehren halten.

Daraus lässt sich schließen, dass dem ahnenzentrierten Familienmodell die Patrilinearität zugrunde liegt, die die Ehre der Familie zur höchsten Tugend normiert. Als Sanktion für die Nichterhaltung der Ehre wird Blutrache als Instrument der Wiederherstellung der Ehre tradiert. Weitere Elemente der Patrilinearität sind männerrechtliche Ordnung, Seniorat und Altershierarchie.

Eine der bedeutendsten Definitionen für die Verwandtschaftssysteme im Balkanraum liefert Karl Kaser in seinem Buch *Macht und Erbe*, indem er auf den Unterschied eingeht zwischen einem „kognatischen, bilinearen

Verwandtschaftssystem, das weibliche und männliche Abstammung gleichberechtigt anerkennt und akzeptiert" und einem „agnatischen, patrilinearen System", das nur die männliche Linie akzeptiert. „Patrilineare Systeme zeichnen sich vielfach durch kultische Verehrung der männlichen Ahnen und durch den Ausschluss der Ehefrauen und Töchter von Eigentum und Erbe aus."[35]

Das patrilineare System war besonders in Stammesgebieten des Balkans ausgeprägt, da in diesen Gebieten eine starke Bindung an das Land und den Boden besteht, die durch die männliche Linie, Vorfahren wie Nachfahren, als Eigentum erhalten, verteidigt und tradiert werden mussten, so dass Frauen praktisch vom Eigentum ausgeschlossen wurden.

Ein sogenanntes balkanisches Patriarchat[36] schuf ein frauenfeindliches soziales Umfeld und entwertete die Frau zum Besitztum. Indem man die Frau besaß, konnte man über sie verfügen und ihre Rollen in der Familie bestimmen. So entstanden auch zwei Musterrollen, die sich voneinander unterscheiden und auf die Entfremdung der weiblichen Identität hinweisen. Zum einen wurde sie zur Rolle der Mutter stilisiert, denn nur so konnte eine Frau ihren entwerteten Status herstellen und ihre Identitätsfindung durchlaufen. Zum anderen musste die Ehefrau durch den Vollzug der Heirat und Hochzeit das angestammte Haus annehmen. Dies bedeutete eine zusätzliche Schwächung. Sie musste sich der angeheirateten Familie unterordnen, ihre eigene Familie, das Vertraute der Heimat und ihrer Sozialisierung verlassen und auf den wesentlichen Teil ihrer bisherigen Identität verzichten. Der Identitätsverlust der Frau spitzte sich zu mit dem Verzicht auf den eigenen Namen. Durch die Heirat verloren die Frauen ihren Namen und wurden nur in der Possesivform des Vornamens ihres Mannes gerufen (zum Beispiel Junuz/Junuzovica, Drago/Dragova, Dragan/Draganovca). In dieser Weise ging nicht nur die symbolische, sondern auch die wahre Identität verloren. Besonders junge Ehefrauen mussten durch unterschiedliche erniedrigende Rituale „gebrochen" werden.

Einige Verhaltensnormen, die sich stark im weiblichen Verhaltensmuster eingeprägt haben, sind die Versorgungsrolle der Schwiegereltern, ständige Verfügbarkeit im Haushalt, Verantwortung und Zuständigkeit für die Erziehung der Kinder, sowie bei allen anderen Arbeiten im Haus behilflich zu sein. Einen großen Wert legte man auf Duldsamkeit und Schamhaftigkeit der Frau. Je duldsamer eine Frau war, desto mehr stieg ihr Wert in der Familie, so dass hier ein sehr diffamierendes Muster zum Vorschein kommt. Unter Duldsamkeit verstand man Selbstlosigkeit und Schweigsamkeit, die zur völligen Unsichtbarkeit und Entwertung der Weiblichkeit führte.

Der offensichtlichen Entrechtung und Verneinung des weiblichen Elementes am Balkan konnte eine Ehefrau zum Teil nur durch männliche Nachkommen entgegentreten. Indem sie einen Sohn gebar, sicherte sie die patrilineare Tradition, womit ihr Status in der Familie aufgewertet wurde, jedoch nur ihr Status als Mutter. Die weibliche Nachkommenschaft wurde als Last empfunden und sehr oft in der Literatur (Volkslieder) als Ursache eines Unheils dargestellt.[37]

Die Last der Weiblichkeit wurde sehr lange tradiert und ist bis heute im kollektiven Unbewussten und Verhaltensmustern in der Balkanregion erhalten geblieben, obwohl es im ehemaligen Jugoslawien durch das kommunistische System und später durch die sozialistische Selbstverwaltung einige ernsthafte Versuche gab, die traditionell verankerten Rollenzuschreibungen zu emanzipieren.

Auch Mädchen wurden von der Entwertung nicht verschont, denn sie wurden auf die Rolle der immateriellen Güter reduziert und sozialisiert und es wurde nicht in ihre individuelle Entwicklung investiert, sondern in ihre Geschicklichkeit und ihr Dasein als Mutter und Hausfrau. Schon in der eigenen Familie mussten Mädchen mit ihrer Identität flexibler umgehen können, ihre Bedürfnisse verdrängen und sich Fähigkeiten zur Unterordnung antrainieren. Ihre Liebesbedürfnisse wurden im besten Fall ignoriert oder unterdrückt.[38]

Ahnenkult, Blutrache und Altershierarchie

Der Ahnenkult, der ebenfalls paternalistisch orientiert war, war ein beträchtliches Phänomen im westlichen Balkan, aber auch auf einigen südgriechischen Halbinseln wie Mani oder Kreta. Die Ausübung des Ahnenkultes durch Rituale und Feste führte dazu, die männliche Linie der Verwandtschaft dazu zu motivieren, Ehre, Blutslinie und Boden zu beschützen. So gerieten Männer durch die Zuschreibungen und Erwartungen der Stammesgruppe unter zweifachen Druck. Einerseits erwartete die Stammesgruppe, von den Männern beschützt zu werden, andererseits war der spirituelle Druck der Ahnen immer vorhanden, der die Angst vor der Rache der Ahnen ständig aufflammen ließ.[39]

Im Zusammenhang mit dem Ahnenkult entwickelte sich ein weiteres Phänomen: Blutrache. Blutrache war überall dort vorhanden, wo patrilineare Denkmuster verbreitet waren. Sie richteten sich auf bestimmten Formen der Ehrverletzung eines Stammes oder einer Familie und wurden zur männlichen Pflicht stilisiert. Das Recht zu töten war im Kollektivum nach Ehrbeleidigung, nach Mord oder Totschlag, bei Entführung der Tochter oder Ehebruch der Frau gerechtfertigt.

Das Spezifikum dieser traditionsbedingten Gewaltform liegt in der psychischen Ausübung von Druck und dem Verletzen der kultischen Männlichkeit. Psychischer Druck geht hier vom Ahnenkult aus. Denn die Nichtausübung der Blutrache wird mit der Rache der Ahnen verbunden, mit der in diesem Falle zu rechnen war. Der Glaube an das Unglück und die Schuldzuweisung der Gruppe, der männlichen Rolle nicht gerecht geworden zu sein, war sehr stark. Auf der anderen Seite drohte der soziale Druck der Gruppe, Schande über die Familie zu bringen und als Schwächling dargestellt und wahrgenommen zu werden. Die Sanktionen der Gruppe bewegten sich von Statusaberkennung bis hin zum Verstoß aus dem Kollektivum.

Ein weiteres Charakteristikum des „balkanischen Patriarchats“[40] und der Patrilinearität bezieht sich auf die Ritualisierung der Altershierarchie. Hier handelte es sich um die Herrschaft der älteren Männer über die jüngeren, der Väter über die Söhne (Senioritätsprinzip). Autorität erwarb man mit dem Alter und dies entsprach der Logik einer patrilinearen und männerrechtlichen Ordnung. Auch in diesem Prinzip findet man die Geschlechterhierarchie, in der zuerst alle Männer rangierten und erst danach die Frauen. Die Führung eines Balkanstammes lag also in der Regel in männlicher Hand. Karl Kaser verweist auf die Tatsache, dass nicht immer die ältesten Männer Stammesführer waren, sondern die Vorsteher bestimmter einflussreicher Häuser. „Der Einfluss ergab sich nicht aus dem Reichtum eines Hauses, sondern wurde von Generation auf Generation übertragen, wie auch vielfach die Würde eines Stammesführers."[41] Es handelt sich hier also um eine kollektivistisch und patriarchal geprägte Gesellschaft, die in Generationen denkt. Die Autorität beziehungsweise die Hierarchie in den Abstammungsgruppen wird vererbt und im kollektiven Gedächtnis fest verankert.

Erkennung und Benennung traditionsbedingter Gewaltformen

Gewalt im Namen der Ehre

Durch die Migration und Globalisierung der Wirtschafts- und Arbeitsmärkte kommt es immer wieder zu einer Vermischung kultureller und religiöser Werte, die ihren eigenen Entwicklungen und Zeitrhythmen folgen und nicht gleich den aufklärerischen Errungenschaften wie den demokratischen Werten und Menschen- und Frauenrechten gewachsen sind. Daher ist es notwendig, auf jene patriarchalen Systeme und Phänomene hinzuweisen, die Frauen in ihren Communities beziehungsweise in ihrem ursprünglichen, kulturellen Habitus kontinuierlich unterdrücken.

Es handelt sich hier im Konkreten um Gewaltformen, die kulturell und traditionell bedingt sind. Da kulturelle Milieus vielfältig sind und sich in unterschiedlichen Dimensionen durchkreuzen,[42] ist es in aufklärerischen, individualistisch geprägten Gesellschaftssystemen nicht gleich und immer nachvollziehbar, was „religiöse Freiheiten" und was Gewaltstrukturen darstellen. Sehr oft sind die Grenzen nicht erkennbar.

Gewalt an Frauen beispielsweise wird in bestimmten Kulturkreisen als „kulturelle Gepflogenheit" etabliert. Diese kulturell und traditionsbedingten Gewaltformen respektive die „Gewalt im Namen der Ehre", die aufgrund kollektivistischer Vorstellungen in patriarchalen Systemen entstehen, werden in tradierter Form der „Ehre“ und „Ehrverletzungen“ weitergegeben.

Wie im vorherigen Kapitel schon erwähnt, herrschen in den meisten kollektivistischen Ehrkulturen unterschiedliche, einander bedingende Normen für weibliche und männliche Gruppenmitglieder. Verhaltensnormen einer Ehrkultur stehen in engem Zusammenhang mit der Vorstellung, was einen „echten Mann“ ausmacht. Dem gegenüber stehen Normen, an denen sich Frauen in Ehrkulturen orientieren sollen: Töchter zeigen sich eher abhängig, unterwürfig beziehungsweise ergeben. Außerdem bedeutet weibliche Ehre in Ehrkulturen sexuelle Keuschheit und Diskretion.[43] Dies impliziert, dass der Ruf des Mannes und der ganzen Familie vom Verhalten der Frau abhängt. Somit erhöht sich der soziale Druck auf die Frauen einer Ehrkultur, der Familie keine Schande zu bereiten. Um den „Ruf“ der Familie „präventiv“ zu schützen, werden Mädchen und junge Frauen sehr früh zwangsverheiratet. Damit überträgt der Vater die Verantwortung und Kontrolle über die Frau auf den Ehemann.

Hier fungiert die Familie als die kleinste, basale Einheit der „Verteidigung der Ehre“, in der eine geschlechtlich geregelte soziale Ordnung und Segregation der Geschlechter hergestellt werden. Die Ordnungsrufe der Familienmitglieder, die ihre Welt ähnlich wahrnehmen, zeigen „Mädchen in Form von Wahrnehmungs- und Bewertungsschemata die Prinzipien der herrschenden Sichtweise, die für das Bewusstsein nur schwer zugänglich sind“.[44] So wird die soziale Ordnung, die auf der Geschlechtersegregation basiert, verinnerlicht und als „normal“ oder „natürlich“ erlebt. Auf diese Weise wird auch Arbeitsteilung beziehungsweise Öffentlichkeit von der männlichen Seite und Häuslichkeit von der weiblichen Seite beansprucht.

In patriarchalen Ehrkulturen besteht eine klare Geschlechterrollenverteilung, die durch Verhaltensnormen der Frau definiert ist. In solchen Kulturen bezieht sich die Ehre eines Mannes auf seine Mannhaftigkeit,[45] seine Tapferkeit und auf den Respekt, der ihm gezollt wird. Diese gesellschaftliche Honorierung rührt unter anderem von dem „Besitzstand" eines Mannes her. Auch die Ehepartnerin wird als „Besitztum" erlebt, das im Falle einer Ehrverletzung verteidigt werden muss. Ein Mann wird als „echter Mann" sozialisiert, die männliche Rolle wird in einer Ehrkultur als „Stärke" erlebt und als solche demonstriert. Der Mann soll seine Familie beschützen und verteidigen, er soll zeugungsfähig und unabhängig sein. Solch eine männlich konnotierte Rolle setzt – wenn er im Verteidigermodus ist – ein gewisses Aggressionspotenzial voraus. In dieser Weise werden Aggression und Gewalt des Mannes im Kollektivum gerechtfertigt, männlich erlebt und ritualisiert. Patriarchale Gesellschaften, in denen solche geschlechtsspezifischen Hierarchien bestehen und die Ehre des Mannes und seiner Familie vom ehrenhaften Verhalten seiner weiblichen Familienangehörigen abhängt, bieten hier Abwehrstrategien, die verlorene Ehre wiederherzustellen. Ein Mann, der seine Ehre verloren hat, wird aus dem Clan ausgestoßen und geächtet. Es sei denn, er bedient sich gängiger Strategien oder Strafmaßnahmen wie der, die eigenen Töchter zu verstoßen, Ehrenmorde zu begehen oder Zwangsverheiratung beziehungsweise arrangierte Ehen zu veranlassen.

Solch eine soziale Ordnung und Rollenaufteilung in patriarchal und kollektivistisch geprägten Gesellschaften wird als selbstverständlich erlebt, verinnerlicht und als Teil der eigenen Kultur und Tradition gesehen, sowie an die folgende Generation weitergereicht.

Um eine Differenzierung der noch immer bestehenden patriarchalen Unterdrückungsmechanismen vorzunehmen, ist eine Unterscheidung zweier Begrifflichkeiten relevant: Der Begriff „traditionsbedingte Gewalt" lehnt sich an das „Ehrkonzept" und die „Familienehre" an und umfasst bestimmte Formen der Gewalt, die Frauen und Mädchen in ihrer Lebensführung und Selbstbestimmung betreffen. Dazu gehören beispielsweise Zwangsheirat, Zwangsehe, arrangierte Ehe oder „Ehe auf Zeit". Derartige Sanktionierungen kommen vorwiegend in orientalisch-kollektivistischen beziehungsweise mediterranen Gesellschaften[46] vor.

Bei „Gewalt im Namen der Ehre" handelt es sich um eine Gewaltform, die zur Erhaltung oder Wiederherstellung der vermeintlich verlorenen Familienehre angewendet wird. Die Gewalt fängt bei psychischem Druck an und reicht von emotionaler Erpressung über körperliche und sexualisierte Gewalt bis hin zu Zwangsverheiratung oder sogenannten Ehrenmorden.[47] Hier ist das Konzept der (Familien-)Ehre sehr wichtig und wird stark als kollektivistisches Element gesehen.

Zwangsheirat, Zwangsehen und arrangierte Ehen

Der Begriff „Zwangsheirat" wird in den EU-Mitgliedsstaaten unterschiedlich definiert. Der Grund für die verschiedenen Zugänge liegt in der Schwierigkeit, die Beweislage der persönlichen Freiheitseinschränkung bezüglich der Zustimmung zur Ehe klar festzustellen. Fakt ist, dass als Begleiterscheinungen einer Zwangsheirat Angst, Furcht, Widerstand und Depressionen auftreten können, die als Reaktion auf psychische Gewalt einzustufen sind.[48] Eine der gängigsten Definitionen wird vom deutschen Verein Terre des Femmes geliefert, wobei hier die Abgrenzung von sogenannten arrangierten Ehen wichtig ist:

> Zwangsverheiratungen liegen dann vor, wenn mindestens einer [sic!] der Eheleute durch die Ausübung von Gewalt oder durch die Drohung mit einem empfindlichen Übel zum Eingehen einer formellen oder informellen (also durch eine religiöse oder soziale Zeremonie geschlossenen) Ehe gezwungen wird und mit seiner Weigerung kein Gehör findet oder es nicht wagt, sich zu widersetzen.[49]

Der Status der Zwangsverheiratung bezieht sich auf den konkreten Zeitpunkt der Eheschließung. Hier unterscheidet man außerdem zwischen angedrohter sowie bereits erfolgter Zwangsverheiratung, das heißt Situationen, die sich dadurch auszeichnen, dass die jungen Personen sich unter Zwang befinden, eine Heirat einzugehen, die sie nicht möchten oder eine Liebesbeziehung nicht aufrechterhalten oder sich nicht mit der Person ihrer Wahl verheiraten dürfen.

Eine Zwangsehe hingegen bedeutet, dass eine Ehe gegen den Willen „von mindestens einem der Ehegatten aufrechterhalten wird – selbst wenn diese Ehe vielleicht freiwillig geschlossen wurde. Eine Trennung oder Scheidung wird entweder vom Ehepartner selbst oder der Familie der Ehefrau oder des Ehemannes nicht akzeptiert. Die Zwangslage beginnt somit erst nach der Eheschließung“.[50] Im Unterschied dazu ist von einer arrangierten Ehe die Rede, wenn die Heirat zwar von Verwandten, Bekannten oder von Ehevermittler*innen initiiert, aber im vollen Einverständnis der Eheleute geschlossen wird. Im Zweifel sollte der Zuordnung die Perspektive der Betroffenen zugrunde gelegt werden.[51]

Arrangierte Ehen kommen in den meisten Kulturen und Religionen vor. Sie waren in Europa bei Bauern und im gehobenen Bürgertum bis ins 20. Jahrhundert, in adligen Kreisen sogar noch länger üblich. Auch in christlich, jüdisch oder hinduistisch geprägten Kulturkreisen finden sich diese Praktiken wieder, die als eine Begleiterscheinung der patriarchalen gesellschaftlichen Strukturen auftreten und einen Hinweis liefern, dass das Patriarchat hier die traditionsbedingte Gewalt an Frauen nach wie vor reproduziert.[52]

Mehrheitlich sind Mädchen und Frauen von Zwangsheirat betroffen. Doch auch für betroffene Jungen und junge Männer kann eine erzwungene frühe Ehe das plötzliche Ende der Kindheit bedeuten. Allerdings sind diese zum Zeitpunkt der Verheiratung zumeist älter und es werden ihnen aufgrund der rigiden Rollenzuschreibungen innerhalb der Ehe traditionell viel mehr Freiheiten zugestanden.

Ehrenmorde

Der Begriff „Ehrenmord“ bezeichnet ein reales Phänomen, das sich klar von „Eifersuchtsdramen“ oder der „Blutrache“ abgrenzen lässt. Die Tat wird aus dem patriarchal empfundenen Bedürfnis, das in der Community sehr oft tradiert wird, ausgeübt, um die Wiederherstellung der „Ehre“ einer Familie oder Gemeinschaft zu erzielen. Von einem Frauenmord oder Tötungsdelikt unterscheidet sich der Ehrenmord durch den individuell gekränkten Stolz des Täters, der in individualistisch organisiertem Sozialumfeld vorkommen kann, und zielt auf ein Kollektiv, wobei die Legitimation und Beauftragung im Familienkreis geschieht.[53] Die Hamburger Kultursoziologin Ursula Mıçıyazgan definiert Ehrenmorde als „Tötungsdelikte, die als Tatmotiv die Wiederherstellung der Familienehre haben, die infolge des als unehrenhaft beurteilten Verhaltens des Opfers verletzt wurde."[54] In der Regel morden Männer aus dem engen Familienkreis, es kann aber auch sein, dass die Mörder von der Familie beauftragt werden. Die Opfer sind in den meisten Fällen Frauen.

Bekannt sind Ehrenmorde aus den Kurdengebieten der östlichen Türkei, unter der kurdischen Bevölkerung der angrenzenden Länder, aus Jordanien und Syrien, aus Pakistan, Indien, Bangladesch, dem Iran, Irak, Israel/Palästina, Libanon, Äthiopien, Albanien und dem Kosovo. Sie kommen aber auch in einigen anderen Ländern vor, die nicht zum Mittelmeerraum gehören, wie Mexiko, Ecuador, Brasilien, Ostafrika, Malaysia, Papua-Neuguinea, Kambodscha oder aber in Migrant*innenkulturen einiger westlicher Länder wie etwa der Schweiz und Italien. Nur in wenigen anderen Ländern sind bisher punktuell Statistiken erhoben worden. So geht Amnesty International für Pakistan von etlichen Hundert Ehrenmorden im Jahr 2004 aus, aber auch Zahlen von jährlich 1.500 Morden werden für Pakistan genannt – überall aber besteht die Annahme einer hohen Dunkelziffer aufgrund nicht angezeigter Todesfälle oder der als Selbstmord und Unfall getarnten Ehrenmorde.[55]

Globalisierung bedeutet in Bezug auf Kultur, Tradition und Religion auch, dass sich auch westliche Gesellschaften dringend mit der Problematik traditionell-patriarchalisch definierter Geschlechterrollen in Stammesgesellschaften und die ihnen zugrunde liegenden

Auffassungen von Ehre und Schande beschäftigen müssen. Auch religiös begründete Normen und soziologische Entwicklungen, z. B. die der Anpassung an die Moderne gegenläufige Verfestigung von Traditionen in der Diaspora, sind dabei zu berücksichtigen.[56]

Traditionsbedingte Gewaltformen

Traditionsbedingte Gewalt fußt auf einer Überschneidung von struktureller (kollektivistischer) und psychischer Gewalt, die hauptsächlich gegen Frauen und ihre Selbstbestimmung beziehungsweise das weibliche (sexuelle) Geschlecht gerichtet ist. Traditionsbedingte Gewalt wird in kollektivistisch-patriarchalen Gesellschaften durch religiöse, traditionelle Verhaltensvorschriften und Riten tradiert und offenbart sich in psychischer Gewalt und struktureller Druckausübung mit dem Ziel, das patriarchale Prinzip im Allgemeinen zu bewahren und zu erhalten. Beugt sich die Frau den tradierten patriarchalen Verhaltensnormen nicht, droht ihr der Ausschluss durch Verachtung beziehungsweise Rufschädigung weil das als unmoralisches Artefakt der weiblichen Sexualität gedeutet wird.

An einigen literarischen Beispielen aus dem Balkanraum kann gezeigt werden, wie tiefgreifend geschlechtssegregierende Traditionen und manche kulturellen Riten wirksam sein können.

Im Roman *Vater* beschreibt der bosnisch-kroatische Schriftsteller Miljenko Jergović seine Mutter so, wie sie war (oder wie der Sohn seine Mutter erlebt hat) und ihre Rolle als Alleinerziehende in einem patriarchal geprägten Milieu, das keine andere Rollenzuschreibung für eine Alleinerziehende hat als die einer „Hure", da sie als solche keinem heteronormativen Muster der Gemeinschaft entspricht:

Und natürlich hatte jeder, der meine Mutter in jener Zeit als Sitzengelassene bezeichnete, genau das im Sinn, was das Kinderohr so präzise heraushörte. Unglücklich war sie deswegen nicht. Sie war ein arbeitender Mensch, und ein weiblicher arbeitender Mensch zu sein, hieß Märtyrerin zu sein. Eine aus dem neuen Testament, die Jesus Gutes getan hatte, aber alle hielten sie für eine Hure.[57]

Im Roman *Hadschi Gajka verheiratet sein Mädchen*[58] von Borisav Stanković finden sich die Bilder von Herdfeuer und Blutbindungen als Symbole der Gemeinschaft wieder, während erotische Beweggründe (weibliche Sexualität) bei Frauen pathologisiert werden und sie in ihrer vermeintlich gefährlichen Sexualität sich selbst überlassen bleiben.

Sofka richtete sich gerade auf. Sie fühlte eine große Kraft in sich und Zorn, ja sogar Haß [sic!] auf den Vater. Sie wollte zu ihm. Besonders empört war sie über die verletzende Form, in der alles geschah: Wenn er sie schon verheiraten wollte, warum mußte [sic!] er sie so behandeln? Warum mußte [sic!] das plötzlich sein, als ob er sie nicht mehr vor Augen haben wollte?[59]

Stanković beschreibt in seinem Roman eine Gewalttat, die vor einiger Zeit als Brauch gehalten wurde und sich noch heute im Balkanraum in ländlichen Gebieten wiederholt, allerdings in einer abgeschwächten Form der arrangierten Ehen. Symptomatisch ist das Isolieren des Mädchens, das zur Heirat gezwungen wird. Das Schweigen und eine Nichtweitergabe von Informationen sind Rituale der Nicht-Kommunikation, was auf eine Art der psychischen Gewalt in Form von Ignoranz hinweist, beziehungsweise als Einschüchterungsmethode angewandt wird, damit das Mädchen nicht rebelliert und die Gewissheit, zwangsverheiratet zu werden, eher als Erleichterung wahrnimmt.

> Dann fing sie zu weinen an vor Kummer und Wehmut, Schmerz und Zorn, immer heftiger, bis sie fühlte, daß [sic!] ihr, wie sie so dalag, die Sinne schwanden. Fast eine Stunde lang lag sie, ohne von sich zu wissen. Als aber der Tag verging und sie noch immer allein blieb, ging es ihr mit Entsetzen auf – und dabei fingen ihr die Zähne zu klappern an –, daß [sic!] der vermeintliche Käfer des Hauses der Freier war. In ihrer Benommenheit fühlte sie sich schon von seinen Armen umfaßt [sic!], fühlte seinen Mund, der gestern Abend so gierig gebebt hatte, seine Hände mit den kurzen, sinnlichen, behaarten Fingern auf ihrem Leib. Das Haar sträubte sich ihr, und auf ihre Stirn trat der kalte Schweiß. Wie von Sinnen ob dieser schrecklichen Vorstellung, sprang sie auf und wollte fliehen: „Gott, o Gott!" Aber sie konnte ja nicht hinaus, und so warf sie sich wieder aufs Bett.[60]

Solche Beispiele zeigen deutlich, wie im Balkanraum rituell zwei Typen von Frauenbilder erzeugt werden: Ein mythisch-heiliges Bild der Mutter und eins der als gefährlich eingestuften Weiblichkeit, die es zu besiegen gilt,[61] wobei der Sieg mit der sexuellen Eroberung der Frau gleichgesetzt wird. Daraus werden die ersten „Heldentaten" der Männlichkeit geschöpft und die Eroberung der Frauenkörper als ersten Feldzug erlebt. Diese fast mythisch begründete Angst vor weiblicher Sexualität, weil sie sich nicht in das „heilige" Bild der Mutter integrieren lässt, weist zugleich auf die Angst vor männlicher Kastration hin. Weiblichkeit wird in erster Linie als Sexualobjekt erlebt, dem man (ob ihrer sinnlichen Körperlichkeit) verfallen, sich nicht beherrschen und sogar davon verrückt werden kann. Das mythisch-religiöse Bild der heiligen Frau, das in der Mutterrolle endet, wird dagegen zum Positiven stilisiert.

Frau, bist du der Zweck oder sein Zulauf? Bist du der süße Köder des Abwegs oder ein trügerischer Ersatz für Mütterlichkeit, die uns verließ, bevor sie uns gleichgültig geworden ist? Bist du nur ein Weibchen, das die Paarungszeit auf alle vier Jahreszeiten hinauszögerte oder die Gebärende unserer Hoffnung darauf, dass sich unser Kreis nie schließen wird? Wer bist du, sag es, um Gottes willen. [...] Oder soll ich mich in einer Ecke zusammenrollen, um zu heulen, weil ich machtlos bin, dir zu widerstehen? Es gibt wichtigere Dinge als nach deinen Rundungen zu lechzen und sie zu kneifen, du Hündin, nur damit du es weißt, ich werde mich retten, das wirst du sehen.[62]

Das Erwachen des Selbstbewusstseins der Frau wird traditionell bestraft und als Ausbruch aus der Gemeinschaft erlebt, was das Ende ihrer Ordnung darstellt.

FGM/Genitalverstümmelung

Genitalverstümmelung oder FGM gilt als spezielle Form von „traditionsbedingter Gewalt". Unter weiblicher Genitalverstümmelung werden alle Praktiken verstanden, bei denen die äußeren Geschlechtsorgane einer Frau oder eines Mädchens teilweise oder vollständig entfernt werden. Es gibt verschiedene Begriffe, die diese Praktiken bezeichnen. Neben dem Begriff „weibliche Genitalverstümmelung" (FGM/Female Genital Mutilation) sind auch „Female Genital Cutting" (FGC) oder „weibliche Beschneidung" gängig. Nach Meinung vieler Expert*innen ist der letztgenannte Begriff als Vergleich mit der männlichen Beschneidung jedoch eine Verharmlosung. Der Begriff der Verstümmelung wird am häufigsten benutzt, um auch auf die drastischen Eingriffe in die körperliche Unversehrtheit aufmerksam zu machen.[63]

Die Weltgesundheitsorganisation WHO (World Health Organization, 2011) unterscheidet folgende Formen der Genitalverstümmelung:

Typ I: Partielle oder vollständige Entfernung der Klitoris und/oder der Klitorisvorhaut (*Klitoridektomie*).

Typ II: Partielle oder vollständige Entfernung der Klitoris und der kleinen Schamlippen (*Exzision*).

Typ III: Verengung der vaginalen Öffnung mit Herstellung eines bedeckenden, narbigen Hautverschlusses durch das Entfernen und Zusammenheften oder -nähen der kleinen und/oder großen Schamlippen, mit oder ohne Entfernung der Klitoris (*Infibulation*).

Typ IV: Alle anderen Eingriffe, die die weiblichen Genitalien verletzen und keinem medizinischen Zweck dienen, zum Beispiel Einstechen, Durchbohren, Einschneiden, Ausschaben, Ausbrennen oder Verätzen.[64]

Die FGM wird in der breiten Öffentlichkeit als rein afrikanisches Phänomen wahrgenommen. Tatsächlich ist es aber ein Ritus, der in vielen Ländern Afrikas, Asiens und des Mittleren Ostens praktiziert wird. Auch die Einwanderinnen in Europa sind oft davon betroffen. Auf der Arabischen Halbinsel, im Nahen Osten, in Pakistan, Bangladesch und Indien sind ebenfalls Fälle von FGM bekannt geworden. Das Land mit den meisten Fällen ist jedoch Indonesien.[65]

Die eigentliche Zahl der Betroffenen ist nur ansatzweise erforscht, denn die Daten kommen von jenen Frauen, die sich gegen diese Praxis zur Wehr setzen. Wie viele

Frauen in Wirklichkeit betroffen sind, ist noch nicht bekannt. Amnesty International (2004) geht von ungefähr 130 Millionen Betroffenen aus.

Auch die Verbindung zwischen FGM und dem Islam ist sehr umstritten, da es zum Beispiel in Ägypten christliche Kopten gibt, die öffentlich für FGM eintreten. Auch in Nigeria ist das Phänomen FGM unter animistischen Religionen verbreitet. In Kenia wird sie von Katholikinnen und Protestantinnen praktiziert. Dennoch kommt der Großteil der Betroffenen aus muslimischen Teilen der Welt.

Offenbar herrscht in den Teilen mit hohem muslimischem Bevölkerungsanteil, der FGM praktiziert, die Meinung vor, dass diese Riten aus dem Koran beziehungsweise seiner Überlieferung kommen und die weibliche Beschneidung zwingend vorgeschrieben ist. Dagegen spricht jedoch die Tatsache, dass es sich hier um einen präislamischen Brauch handelt und dieser zum Beispiel in Saudi-Arabien und in anderen muslimischen Ländern gar nicht bekannt ist. Manche muslimischen Gelehrten berufen sich auf einen bestimmten Hadith[66]. Die Hadithe bilden neben dem Koran die zweite Quelle des islamischen Gesetzes. Es handelt sich dabei um eine Textsammlung von überlieferten Aussprüchen des Propheten Mohammed, deren Interpretationsmöglichkeiten hoch sind. Danach soll der Prophet eine Beschneiderin angewiesen haben: „Nehme ein wenig weg, aber zerstöre es nicht. Das ist besser für die Frau und wird vom Mann bevorzugt".[67]

Es gibt viele Interpretationen dieses Hadiths und daher auch verschiedene Meinungen unter den islamischen Gelehrten – auch unter denjenigen, die glauben, dass die Genitalverstümmelung „die Pflicht aller rechtgläubigen

Frauen“ sei. Dieser Hadith ist aber nach einigen Angaben schwach (daif) und hat eine unvollständige Zeugenkette (Isnad), was eine Rücküberprüfung, ob dieser Hadith tatsächlich auf den Propheten zurückzuführen ist, nicht zulässt.

Steinigung

Die Steinigung als Form der Bestrafung gibt es, seit es Menschen gibt. Sogar bei den alten Griechen war sie verbreitet oder zumindest symbolisch vorhanden. Der Geschichtsschreiber Polybios nannte die Steinigung noch im dritten Jahrhundert vor Christus bestialisch.

Im Alten Testament wird die Steinigung ebenfalls als Strafe erwähnt, etwa bei Gotteslästerung: „Wer des Herrn Namen lästert, der soll des Todes sterben; die ganze Gemeinde soll ihn steinigen“[68] oder bei Unzucht: „Wenn sich keine Beweisstücke für die Unberührtheit des Mädchen beibringen lassen, [...] sollen die Männer ihrer Stadt sie steinigen“[69], ebenfalls bei Ungehorsam: „Vater und Mutter sollen zu den Ältesten der Stadt sagen: ‚Unser Sohn hier ist störrisch und widerspenstig, er hört nicht auf unsere Stimme, er ist ein Verschwender und Trinker‘. Dann sollen alle Männer der Stadt ihn steinigen“.[70]

Im Koran kommt die Steinigung nicht vor – bei Ehebruch wurden vom Propheten hundert Peitschenhiebe für Männer und Frauen verordnet. „Der Ehebrecher und die Ehebrecherin, peitscht jeden von beiden mit hundert Peitschenhieben aus!“[71]

Das islamische Recht sieht die Steinigung zwingend nur für Ehebruch vor, und zwar für verheiratete Männer ebenso wie für verheiratete Frauen. Für eine Reihe anderer Delikte wird die Todesstrafe zwar vorgeschrieben, die Art der Hinrichtung aber dem Ermessen des Richters überlassen.[72] Bei einigen Delikten, die mit Peitschenhieben oder Amputationen geahndet werden, wird bei mehrfacher Wiederholung der Tat die Todesstrafe verhängt. Weibliche Homosexualität beispielsweise wird mit hundert Peitschenhieben bestraft, beim vierten Male wird die Todesstrafe vollstreckt.[73]

Im Gegensatz dazu wurde im Neuen Testament die Steinigung mit Jesus' revolutionärem Satz verurteilt: „Wer von euch ohne Sünde ist, werfe als Erster einen Stein auf sie".[74]

Bei einer Steinigung wird das Opfer so lange von einer Menschenmenge mit Steinen beworfen, bis der Tod eintritt. Zum Teil werden die Körper der Opfer bis zur Hüfte oder unter die Brust im Boden eingegraben, damit sie nicht fliehen können.[75]

Die Steinigung verstößt wegen ihrer außerordentlichen Grausamkeit nicht nur gegen die Grundsätze der Menschlichkeit, sie steht auch im krassen Widerspruch zu internationalem Recht. Die Steinigung verstößt gegen die Artikel 3 und 5 der Allgemeinen Erklärung der Menschenrechte und die Artikel 6 und 7 des Internationalen Paktes über bürgerliche und politische Rechte, die das Recht auf Leben und das Verbot von Folter und unmenschlicher Bestrafung festschreiben. Sie steht ebenso in eklatantem Widerspruch zur Anti-Folter-Konvention der Vereinten Nationen und zum Zweiten Fakultativprotokoll zum Internationalen Pakt über bürgerliche und politische Rechte zur Abschaffung der Todesstrafe. Die Steinigung für Vergehen wie "Ehebruch" verstößt zudem gegen allgemeine Rechtsgrundsätze, da es sich um eine völlig unangemessene Bestrafung handelt.[76]

Säureattentate

Bei Säureattentaten gegen Personen handelt es sich um eine Art der schweren Körperverletzung, bei der dem Opfer Säure auf den Körper geschüttet wird, meist ins Gesicht. Die Verätzungen erzeugen flächige Vernarbungen, oft Erblindung, und führen bei mangelnder medizinischer Versorgung häufig zum Tod. Überlebende Opfer leiden oft lebenslang unter den Schmerzen und den Entstellungen, Depressionen und erhöhte Suizidalität sind statistisch erwiesen.

Säureattentate treten in den meisten Ländern Süd- und Südostasiens auf, auch in Nigeria und Uganda, in Jamaika, in der Türkei und in China. Nirgendwo ist die Zahl der Opfer aber so hoch wie in Bangladesch. Die grausame Praxis, einen Menschen ihm Schmerzen zuzufügen und ihn zu entstellen, ist noch nicht alt: Ein erster Fall wurde in den 60er Jahren bekannt. Laut Ines Burckhard[77] stieg die Zahl der Opfer seit den 1990er Jahren dramatisch an und erreichte ihren Höhepunkt 2002 mit fast 500 bekannten Überlebenden. Die ASF[78] nimmt an, dass es eine hohe Dunkelziffer gibt, weil viele Opfer sich schämen oder keinen Sinn in einer Anzeige sehen, da der Gewaltschutz in vielen Ländern Südostasiens noch nicht gelebt wird. In fast der Hälfte der Fälle ist der Grund für das Attentat ein Streit um Besitzrechte an Land. Weitere Gründe sind Ehe- und Familienkonflikte, Ablehnung von Heiratsangeboten oder Mitgiftforderungen. Die meisten Opfer sind weiblich.[79]

Brustbügeln

Brustbügeln ist eine schädliche traditionelle Praktik, die in Westafrika in den Ländern Togo, Ghana, Benin, Nigeria, Guinea, Äquatorialguinea und vor allem in Kamerun verbreitet ist. Dabei werden jungen Mädchen, bei denen das Brustwachstum einsetzt, im Feuer erhitzte heiße Steine, Stößel oder Holzspachtel über die Brüste gerieben. Oft müssen die Mädchen zusätzlich ein enges Elastikband um die Brust tragen, das gerade noch das Atmen zulässt. Ziel ist, das Brustwachstum der Mädchen zu unterdrücken oder aufzuschieben, damit sie für Männer möglichst lange unattraktiv bleiben. Die Ursache liegt in einer Kontrolle der weiblichen Sexualität, mit der man Mädchen vor frühen sexuellen Beziehungen, Übergriffen oder Vergewaltigung schützen möchte. Diese grausame Praktik stellt aber eine traditionsbedingte Gewaltform an Mädchen dar.[80]

Brustbügeln ist eine schwere Form der Menschenrechtsverletzung, da sie gegen das Grundrecht auf körperliche Unversehrtheit verstößt und die Sexualität der Frauen kontrolliert.

Dieses Vorgehen entsteht aufgrund der „mangelnden" sozialen Kontrolle der Jugendlichen (vorwiegend Mädchen) in städtischen Gebieten, da Großfamilie und Dorfgemeinschaft als Instrumente der kollektivistischen Kontrollausübung wegfallen. Diesen Umstand versuchen die Familien durch das Brustbügeln, zumeist durchgeführt von den Mütter oder Großmütter, auszugleichen. Mit dem Hinauszögern des Brustwachstums soll auch das Erwachsenwerden aufgeschoben und die Mädchen von Liebschaften und ersten Sexualkontakten fernhalten werden. Es sind aber die Mädchen, die mit der Verstümmelung ihrer Brust den Preis der „männlichen Schwäche" beziehungsweise den Schutz vor männlichen Übergriffen zahlen.

Die Tradition wird von den Müttern auf die Töchter übertragen. Neben starken Schmerzen während der Prozedur selbst sind auch die kurz- und langfristigen, sowohl psychischen als auch physischen Folgen des Brustbügelns für die Mädchen und Frauen schwerwiegend.

10% aller Fälle von Brustkrebs in Kamerun sind auf das Brustbügeln zurückzuführen. Ein normales Stillen ihrer Babys ist später kaum möglich. Zudem bekommen Mädchen auch körperliche Beschwerden wie Zysten, Infektionen oder asymmetrische Brüste, die sie traumatisieren und zu psychologischen Problemen und sexueller Frustration führen können.[81]

Kleider- und Verhaltensvorschriften

In vielen Ländern, in denen noch immer patriarchale Familienstrukturen vorherrschen und die Hierarchie auf einer Geschlechtersegregation basiert, wird Frauen eine Kleiderordnung vom Staat auferlegt (Indonesien, Iran, Saudi-Arabien, Sudan und Tschetschenien). Häufig sind es auch Religionsgemeinschaften oder die eigene Familie, die Frauen in ihren Freiheiten einschränken. Interessanterweise finden in Europa noch immer widersprüchliche Diskussionen über Verbote solcher Praktiken wie dem Tragen der Burka oder des Niqab statt, obwohl viele Frauen aus solchen Ländern dagegen demonstrieren und um ihre Rechte kämpfen, sich frei und selbstbestimmt kleiden zu können. Die Menschenrechte sichern jedem Menschen die Freiheit zu, sich zu kleiden, um seine Individualität oder religiöse Überzeugung zum Ausdruck zu bringen. Ausnahmen gibt es aus Gründen der öffentlichen Sicherheit, Ordnung, Gesundheit oder Moral.[82]

Das Kopftuchtuchverbot bis 14 Jahre in Österreich hat eine intensive Debatte ausgelöst, und zwar um Religionsfreiheiten. Die Debatte wurde am Thema vorbeigeführt, denn hier geht es nicht um Religionsfreiheiten, sondern um Chancengleichheit von Mädchen und Burschen, die in diesem Fall nicht gegeben sind. Mouhanad Khorchide verweist in seinem Gutachten zur Frage des Kopftuchtragens von Mädchen unter 14 Jahren auf eine große Bandreite innerhalb muslimischer Gemeinschaften und Religionsgelehrter bei der Beurteilung der weiblichen Verhüllung aus theologischer Perspektive. Insbesondere bei der Frage der Verhüllung von Mädchen wird im Zusammenhang mit der sogenannten Religionsmündigkeit ab 14 darauf hingewiesen, dass ein Kind die nötige Reife für eine eigenständige Meinung haben muss und nicht Objekt elterlicher Vorstellungen von Religiosität werden darf, wenn diese die Freiheit und das Kindeswohl gefährdet.[83]

Das Tragen der Kopftücher wird in traditionell muslimischen Familien praktisch tradiert. Mädchen werden, indem sie ihr Haar vor Männern nicht zeigen sollen, schon im Kindesalter als Sexualobjekte gesehen. In stark patriarchal orientierten Familien werden Kindern eigene Werte und Sozialisierungsmerkmale aus den Herkunftsländern vermittelt, ohne ihnen einen Raum zu überlassen, sich hier in der Mehrheitsgesellschaft für neue Werte zu öffnen. Hier kann die Schule als neutraler Raum zur Verfügung stehen, damit sich Burschen und Mädchen, egal welcher Herkunft sie sind, frei entwickeln können.[84]

Fatema Mernissi (1996) beschreibt in ihrem Buch *Die Angst vor der Moderne* die Festschreibung der Trennung von Mann und Frau. Denn „sobald eine Krise eintrat, wurden sie [Frauen] und der Wein als erstes verdammt".[85] Es lag also in der Tradition, eine Art des Krisenmanagements einzuführen, wenn etwas in der Gesellschaft schief ging. So ergriff man zwei Maßnahmen: die Zerstörung der Weinlager und das Verbot für Frauen, die Häuser zu verlassen. Darüber hinaus werden sogar die Verhaltens- und Kleidervorschriften für Frauen durch Generationen vorbereitet, damit Frauen unter Kontrolle gehalten werden können. So sind Kleidervorschriften für muslimische Frauen in vielen Kapiteln der Hadithe enthalten: Wie Frauen die Haare zu tragen haben, wie sie den Blick senken und bescheiden sein müssen. Das Patriarchat, das die Vermischung der Geschlechter fürchtet, geht da weiter und bringt neue Bücher mit Vorschriften für Frauen heraus, wie etwa das Buch über *Kleidung und Schmuck: Die reinigende Tradition*, in dem es ein „Kapitel über Hosen", ein „Kapitel über das Zupfen und Verfeinern der Augenbrauen" oder „das Recht, Lippenstift zu tragen" sowie „Die Schuhbekleidung" gibt.[86]

2014 wurden in Uganda Miniröcke für Frauen verboten. „Alles, was über dem Knie endet, ist verboten. Wenn eine Frau einen Minirock trägt, werden wir sie verhaften", warnte Ugandas Ethikminister Simon Lokodo.[87] Daraufhin wurden den Mädchen auf den Straßen Ugandas plötzlich mit Gewalt die Miniröcke heruntergerissen, andernorts sperrte man leicht bekleidete Frauen aus Polizei- und Poststellen aus. „Die ugandischen Frauen und unsere gesamte Gesellschaft werden damit zweihundert Jahre in die Vergangenheit zurückgeworfen", kommentiert Rita Aciro Lakor von der Frauenrechtsorganisation Uganda Women Network[88] das Gesetz.

Auf diese Art wird versucht, Frauen zu entmachten, die Kontrolle über sie zurückzugewinnen und patriarchale Strukturen aus der Vergangenheit wiederherzustellen.

Ähnlich den Kleidervorschriften bestehen in vielen kulturell patriarchalen Milieus bestimmte Verhaltensnormen für Frauen und Männer, die eine Geschlechtersegregation herstellen und bestätigen. Vielen Mädchen wird suggeriert, bescheiden, nett, keusch zu sein, denn hier verberge sich die „wahre" Frau. Sie sollen nicht ungefragt ihre Meinung äußern, sich in ein Gespräch einmischen oder unbegleitet in ein Lokal gehen. Burschen sollen im Gegensatz dazu zu „starken" Männern erzogen werden, die ihre Gefühle nicht äußern oder zugeben. Der Mann muss dem gängigen „Männlichkeitsbild" eines Familienernährers oder Erhalters entsprechen, darf keine Angst zeigen, mutig sein und keine Schwäche zulassen.

Scham, Schande und Ehre

Obwohl die Begriffe Scham und Schande in engem Zusammenhang stehen, bezeichnet Haun[89] Scham als eine emotionale „kurzfristige Episode", während Schande ein dauerhafter Zustand ist, hervorgerufen durch einen Ehrverlust.

Laut Stephan Marks (2008) ist das Schamgefühl ein unbewusstes und sehr intensives Gefühl, das wie „ein kognitiver Schock" erlebt wird, in dem Vernunft, Gedächtnis, Sprachvermögen oder Affekt-Regulierung nicht mehr verfügbar sind. Die Beschämung beziehungsweise „Schande" wird als Gefühl der elementaren Bedrohung erlebt und kann ungeheure Energien mobilisieren. Um die Beschämung abzuwehren, sind Menschen zu jeder Gewalttat bereit, die auch in den Suizid führen kann. In patriarchalen Kulturen, die Scham, Schande und Ehre als Orientierungsnormen für ihre Werte empfinden, können diese Gefühle beziehungsweise Abwehrmechanismen so intensiviert und im Kollektivum gerechtfertigt werden, dass Selbstmord als angemessener Preis dafür gelten kann, die eigene Ehre zu retten. Die wichtigen Abwehrformen sind Verbergen oder Einfrieren der Gefühle wie Hoffnung, Liebe, Mitgefühl, Reue. Dies führt sehr oft zu emotionaler Erstarrung. Schwäche oder Angst werden als negativ empfunden, man schämt sich für sie. Als abwertende Projektionen wie „Schwächlinge“ oder „Feiglinge“ werden sie auf die anderen übertragen. Selbstunsicherheit wird ebenso negativ erlebt und durch Arroganz oder protzige Männlichkeit, Trotz und Idealisierung abgewehrt Fehler werden als beschämend empfunden und Scham wird oft durch ein Wut-Gefühl ersetzt, das leicht in Aggressionen ausarten kann. Diejenigen, die Scham erfahren und mit diesem Gefühl nicht umgehen oder Ambivalenzen nicht aushalten können, zeigen oft Aggressionstendenzen, die zu Gewaltanwendung führen können.[90]

Ehre in europäischen Gesellschaften

Ist Ehre überhaupt ein Gefühl? Will man den Begriff der Ehre in den europäischen Kontext einbetten, kann dies nicht ohne einen geschichtlichen Kontext geschehen. Der französische Historiker Lucien Febvre nannte Ehre „ein *sentiment*, das in unseren Herzen lebe“.[91] Das Wort „Ehre“ wurzelt im althochdeutschen „era“, im mittelhochdeutschen „ere“. Zum heutigen Begriff der Ehre haben auch die griechischen Bezeichnungen „time“ und „eudoxia“ sowie die lateinische Bezeichnung „honor“ geistesgeschichtlich beigetragen. Der Bedeutungsträger des Begriffes bezieht sich im sozialen Umfeld der Menschen auf sein Ansehen und seine Achtung.[92] Ehre umschreibt jedenfalls ein komplexes Gefüge von Sozialbeziehungen, Wertungen und Gefühlen und ist geschichtlich wandelbar. Der Verlust der Ehre ist eng mit der Gesellschaft und dem sozialen Umfeld verbunden, denn „Ehre verlieren“ bedeutet, von der Gesellschaft geächtet oder aus der Gemeinschaft ausgestoßen zu werden, was in früheren Zeiten der Menschheitsgeschichte einem Todesurteil gleichkam.[93] Der Ehrverlust kommt also aus der Gesellschaft und weist auf eine Regelung der Strafmaßnahmen in der Gruppe oder Gemeinschaft gegen diejenigen hin, die gegen den Ehrenkodex oder das Wertesystem zuwiderhandeln. Der Geächtete fühlt sich beschämt und verliert seine Ehre. Das Gefühl, das noch heute übriggeblieben ist, ist die Scham, die im menschlichen Wesen tief verankert ist. Ein gutes Beispiel für das Schamempfinden ist die Vertreibung aus dem Paradies. Bis dahin kannte der Mensch, ähnlich wie Kinder bis zu einem bestimmten Alter, noch keine Scham: „Beide, Adam und seine Frau, waren nackt, aber sie schämten sich nicht voreinander."[94]

Aus religiöser Sicht hat die Scham ihren Ursprung in der ersten Sünde des Menschen – dem Vertrauensbruch zu Gott, indem sein Gebot, nicht vom Baum der Erkenntnis von Gut und Böse zu essen, missachtet wurde (Altes Testament). Der Mensch wurde in die Erkenntnis seiner Nacktheit gesetzt und empfindet fortan Scham.

> Gott, der Herr, rief Adam zu und sprach: Wo bist du? Er antwortete: ich habe dich im Garten kommen hören; da geriet ich in Furcht, weil ich nackt bin, und versteckte mich. Darauf fragte er: Wer hat dir gesagt, dass du nackt bist? […] Adam antwortete: Die Frau, die du mir beigesellt hast.[95]

In weiterer Folge bestrafte Gott die Schlange, die die Frau zur Sünde verführt hat. Gleichzeitig vertrieb er aber auch die Frau und den Mann aus dem Paradies und bestrafte sie mit der Sterblichkeit, was hier mit gesellschaftlicher Ächtung im weiteren Sinne verglichen werden kann.

> Dann sprach Gott, der Herr: Seht, der Mensch ist geworden wie wir; er erkennt Gut und Böse. Dass er jetzt nicht die Hand ausstreckt, auch vom Baum des Lebens nimmt, davon isst und ewig lebt![96]

Die Ehre steht also in engem Zusammenhang mit dem Ehrenkodex einer Gemeinschaft und den Regeln der jeweiligen Gruppe der Menschen. Ändern sich die Regeln oder der Ehrenkodex einer Gesellschaft, verschieben sich die Bedeutungsgrade der Ehre. In Europa verliert die Ehre durch neue Sozialordnungen und rasante wirtschaftlich-technische Fortschritte im 18. Jahrhundert an Bedeutung, da sie nicht mehr in das Konzept der neuen Lebensverhältnisse moderner Erwerbsmenschen passte beziehungsweise dadurch obsolet wurde. Aber auch dieser Wandel der Bedeutungsverschiebung der Ehre hat sich nicht gleichmäßig in Europa vollzogen. In südlichen europäischen Regionen finden sich noch heute andere Vorstellungen von Ehre, Stolz und Scham, wogegen diese Gefühle in individualistisch strukturierten Gesellschaften als Zeichen persönlicher Schwäche und Abhängigkeit gelten.[97]

Von der Wandelbarkeit der Ehre und ihrer Bedeutung zeugen auch zahlreiche Literaturhinweise in der abendländischen Geschichte. Arthur Schnitzlers Novelle *Leutnant Gustl* bietet eine sehr gute Beschreibung der Einhaltung des Ehrenkodexes für den Offizierstand. Offiziere mussten fortwährend auf der Hut sein, keine absichtliche oder auch unabsichtliche Kränkung zu erleiden. Auch hier ist die Ehrvorstellung sehr eng mit einer sozialen Grenzziehung verbunden und dient zur Erhaltung und Abgrenzung eines sozialen Standes. Die Ehrverletzung bedeutet hier, einem Duell beziehungsweise Zweikampf nicht ausweichen zu können, um so die verletzte Ehre wiederherzustellen.

Weiters möchte ich auf den Roman *Effi Briest* hinweisen, in dem Theodor Fontane den Ehrbegriff darlegt.

Der Graf Innstetten als Hauptprotagonist im Roman versucht krampfhaft, seine Stellung in der Gesellschaft zu wahren, deren Werte er verinnerlicht hat. Seine Abhängigkeit vom Ehrenkodex der Gesellschaft spiegelt sich in der Tatsache wider, dass er trotz der Liebe zu seiner Frau und seinem Freund Crampas auf dem Duell besteht.

> Weil es trotzdem sein muß [sic!]. Ich habe mir´s hin und her überlegt. Man ist nicht bloß ein einzelner Mensch, man gehört einem Ganzen an, und auf das Ganze haben wir beständig Rücksicht zu nehmen, wir sind durchaus abhängig von ihm. Ging es, in Einsamkeit zu leben, so könnt ich es gehen lassen; ich trüge dann die mir aufgepackte Last, das rechte Glück wäre hin, aber es müssen so viele leben ohne dies ‚rechte Glück' und ich würde es auch müssen und – auch können. [...] Aber im Zusammenleben mit den Menschen hat sich ein Etwas ausgebildet, das nun mal da ist und nach dessen Paragraphen wir uns gewöhnt haben, alles zu beurteilen, die andern und uns selbst. Und dagegen zu verstößen [sic!] geht nicht; die Gesellschaft verachtet uns, und zuletzt tun wir es selbst und können es nicht aushalten und jagen uns die Kugel durch den Kopf.[98]

Auch Leo N. Tolstoi lässt seine Hauptprotagonistin Anna Karenina im gleichnamigen Roman sterben, der auch in einer Epoche voller Umbrüche entsteht. Anna Karenina flüchtet aus einer freudlosen Ehe mit dem Staatsbeamten Alexej Karenin, als sie den Grafen Wronskij trifft. Ihr Liebesverhältnis zu dem Grafen endet tragisch, da sie es wagt, Herz über Verstand, Liebe über Pflicht, Sünde über Ehre zu wählen, womit sie den damaligen Ehrenkodex verletzt. Somit verliert sie ihre eigene Ehre und damit auch die gesellschaftliche Achtung. Die versucht sie mit ihrem Tode zu begleichen.

Diese Beispiele zeigen deutlich, dass es im 18. und 19. Jahrhundert zunächst in der Literatur viele Kritiker dieses falsch verstandenen Ehrgefühls gegeben hat, woraus mit der Zeit Bewegungen entstanden,[99] die ein Ende dieser paradoxen Praxis herbeiführen wollten. Mit dem Verschwinden der Standesehre des Adels wurde das Duellieren schließlich als Straftatbestand festgelegt.

Die Wiederherstellung der Ehre beziehungsweise die Bereitschaft, das eigene Leben zu opfern, darf nicht mit einem Todestrieb verwechselt werden. Hier wird das Leben für eine Idee geopfert, die für ein narzisstisches Ideal oder gar eine Phantasie von Ewigkeit steht, zu der das Individuum zurückkehrt.[100] Norbert Elias führt in seiner *Studie über die Deutschen* ähnliche Beispiele an und zeigt, wie ein männliches Ich-Ideal mit dem „Ehrenkodex der Härte" verbunden wird. Die „deutsche Ehre" wurde an Blut und Boden geknüpft. Solch ein Ich-Ideal wurde durch Erziehung und gesellschaftliche Konditionierung schließlich kanonisiert und Härte als der Norm entsprechende Eigenschaft dargelegt.[101] Das Ich-Ideal wird an die nächste Generation weitergegeben. Daraus lässt sich schließen, dass es trotz der Überwindung des Ehrbegriffes auch heute noch Menschen geben wird, die solche Strukturen mitbekommen haben und sie weiter tradieren.[102]

Schamhaftigkeit

Im Unterschied zum Begriff der Ehre, der sich, wie bereits erläutert wurde, für Männer vorwiegend auf Stärke, Härte und ihre Verteidigung bezieht, wird Ehre in Bezug auf das weibliche Geschlecht hauptsächlich als Schamhaftigkeit wahrgenommen.

Im Europa des 18. und 19. Jahrhunderts wurden für Mädchen aus bürgerlichem und kleinbürgerlichem Hause die Geschlechterrollen kodifiziert. Das Zeichen eines „gut erzogenen“ Mädchens lag in der Fähigkeit, sich schämen zu können. Weitere „weibliche Tugenden“ waren Bescheidenheit, Herzensgüte, Geduld, Sanftmut, Biegsamkeit und Selbstverleugnung.[103] Die Fähigkeit, sich zu schämen, führt uns in ihren Ursprüngen zu den Spuren des biblischen Kontextes, und zwar zum Alten Testament, in dem die Scham mit der Erkenntnis über Nacktheit und Unterscheidung von Gut und Böse in Verbindung gebracht wird. Das sündhafte Verhalten im Alten Testament bezieht die Scham auf die Körperlichkeit des Menschen und auf seine durch die Sünde erworbene Fähigkeit, Gut und Böse zu unterscheiden. Das Gefühl der Scham beginnt also mit gesellschaftlichen Konventionen und der Vertreibung aus dem Paradies, wo der Mensch auf sich selbst und sein Gewissen gestellt und sterblich wurde.

Mit der Fähigkeit zur Unterscheidung von Gut und Böse und der Kenntnis der Grenze dazwischen, ist der Mensch sich der Taten beziehungsweise Sünden bewusst geworden, derer sich zu schämen er in der Lage ist. Diese Grenzen erfährt er im gesellschaftlichen Kontext durch Konventionen, Mahnungen, Warnungen, Strafen und indem er beschämt wird. Die Beschämung kommt von außen, vom sozialen Umfeld, der Gruppe oder Gemeinschaft und wird als „Schande“ benannt. In dem Augenblick, in dem sie benannt wird, muss sie sanktioniert werden. Es lässt sich schließen, dass Scham im Inneren angesiedelt ist und Schande beziehungsweise Beschämung von außen kommt.

Da sich gesellschaftliche Konventionen immer wieder durch Zeit, Raum und Inhalte verändern, kann sich auch die Beziehung zur Scham beziehungsweise zu dem, was die Scham auslöst, verschieben.

Der Begriff der Scham bewegt sich zwischen Moral und Anatomie. Moralische Scham war „objektneutral", während anatomische Scham die Genitalien umfasste. Letzteres verlagert sich im 18. und 19. Jahrhundert auf den Anstand, der sich sprachlich vom männlichen auf den weiblichen Genitalbereich verschob. So lautet heutzutage im *Duden* das Synonym für „Scham": Beschämung, Reue, Schamgefühl, Schamhaftigkeit, Prüderie, Schamröte, Geschlechtsorgane, Geschlechtsteile, Schamgegend, Genitalien.[104]

Ute Frevert führt noch eine Bezeichnung für Scham aus dem *Meyers Lexikon* aus dem Jahr 1929 an, und zwar als „äußeres Genital des Weibes und der weiblichen Säugetiere". Diese Verlagerung der Scham auf die weiblichen Genitalien wurde im Laufe der weiteren Entwicklung der patriarchalen, hierarchisch strukturierten Gesellschaften mit der weiblichen Sexualität in Verbindung gebracht.

Schließlich teilte der gerade eingetretene Prozess der Industrialisierung im abendländischen Europa die Geschlechter ins Öffentliche (männlich konnotiert) und Private (weiblich konnotiert) ein. Der weibliche Körper und die Sexualität der Frau wurden an die Scham gekoppelt und noch mehr tabuisiert und unter Kontrolle gestellt.[105]

Wandelbarkeit von Ehre und Scham

So, wie sich Gesellschaften verändern, so verändern sich auch Empfindungen wie Ehre und Scham. Die Epoche der Aufklärung mit ihren berühmtesten Denkern Voltaire, Hume und Kant prägte in Europa zwar die Geschlechtersegregation, bewegte aber auch die strengen mittelalterlichen Normen von Beschämung zur Menschlichkeit, so dass er seine Vorstellungen in der Gesellschaft freier umsetzen und seinen Glauben an Fortschritt, Verbesserung und Entwicklung frei gestalten konnte.[106] Dies hatte mehr Mobilität und Kommunikation unter den Menschen zur Folge und verlangte, um der neuen Lebensgestaltung gerecht zu werden, auch neue Gefühle und einen neuen Umgang miteinander. Je mehr man im Sinne der Aufklärung an Fortschritt und Wertschätzung glaubte, desto weniger nachvollziehbar wirkten Gefühle wie Ehre und Scham. Die Aufklärung forderte und unterstrich außerdem Zusammenhalt und Kooperation und somit „neue Gefühle" und Sensibilisierung unter den Menschen. So kristallisierte sich das „alte" und wiederentdeckte Gefühl der Solidarität heraus: Das Mitgefühl. Ehre und Scham verloren im 20. Jahrhundert sukzessive an Bedeutung. „Daneben kräftigte es [das Mitgefühl], je nach Objekt und Methode, das Frauenwohl, die nationale Solidarität, die koloniale Mission, die Volksgemeinschaft, die abendländische Zivilisation oder das globale Bewusstsein."[107]

Das bedeutet aber nicht, dass Gefühle wie Ehre und Scham völlig verschwunden sind. Menschen schämen sich weiterhin und empfinden das Gefühl der Ehre. Davon zeugen beispielsweise Ehrungen und Ehrenämter. Das Konzept der Familienehre ist in vielen Kulturkreisen noch immer vorhanden, birgt in sich noch viel Gewalt, schränkt Menschen in ihren Freiheitsrechten und in der Selbstbestimmung der Geschlechter ein (siehe dazu „Gewalt im Namen der Ehre" und „traditionsbedingte Gewaltformen").

Diese Phänomene sind aber auch dem westlichen Europa nicht fremd: Bis 1981 enthielt das italienische

Strafgesetz einen Paragraphen, der für Männer, die ihre Ehefrauen, Töchter oder Schwestern wegen verletzter Familienehre getötet hatten, sehr viel mildere Strafen vorsah als für andere Mörder. Im deutschen Recht wird diese Strafminderung seit den 1970er Jahren nicht mehr berücksichtigt.[108]

Diese und ähnliche Beispiele belegen, dass sich die Konzepte von Ehre und Scham im europäischen Kontext sehr stark gewandelt haben. So erscheint es Frauen heute in Europa absurd, ihre Ehre auf sexueller Integrität zu begründen und auch Männer müssten froh sein, ihre Ehre nicht mehr mit dem Degen verteidigen zu müssen.

Es scheint sinnvoller zu sein, von *Würde* statt von *Ehre* zu sprechen, denn die Semantik der Würde geht von einem Gefühl aus, das allen Menschen gleichermaßen und unterschiedslos zusteht. „Alle Menschen sind frei und gleich an Würde und Rechten geboren. Sie sind mit Vernunft und Gewissen begabt und sollen einander im Geist der Brüderlichkeit begegnen" (Artikel 1 der Allgemeinen Erklärung der Menschenrechte, UNHCR).

Ehrkonzept in patriarchal ausgeprägten kulturellen Milieus

In stark patriarchal ausgeprägten Kulturkreisen spielt der Begriff der Ehre eine zentrale Rolle. Er beeinflusst in vielerlei Hinsicht die Erziehung der Kinder und stellt die Basis der Denk- und Handlungsmuster der Jugendlichen dar. Die Ehre wird sehr oft mit Mannhaftigkeit bei Männern und mit Jungfräulichkeit bei Frauen gleichgesetzt. Dadurch bekommt der Begriff der Ehre eine stark geschlechtersegregierende Dimension. Auch Kategorien wie Loyalität, Solidarität und Freundschaft umranden

den Begriff der Ehre, allerdings haben letztere eine positive Konnotation, werden jedoch in diesem Kontext häufig missbräuchlich verwendet.

Jugendliche beziehen ihre Ehre durch Freundschaften und Loyalität zur Gruppe. Wie Toprak und Mafaalani in ihrer Studie *Muslimische Kinder und Jugendliche in Deutschland*[109] beschreiben, ist der Begriff der „Ehre" besonders bei kriminellen Jugendlichen beliebt. Aggressive und kriminelle Handlungen werden mit Solidarität und Loyalität gerechtfertigt. Freunde tun alles füreinander. Sie teilen Geld, Essen, Kleider und vieles mehr. In der Not – auch wenn dies Massenschlägerei oder Gewalt bedeutet – gilt es als ehrenhaft, einen Freund zu unterstützen.

Allgemein geltende Aspekte oder Werte wie gewaltfreies Leben, Gleichheit der Geschlechter oder Chancengleichheit werden dabei ausgeblendet. Die Ehrhaftigkeit dient als Orientierungsmerkmal nach dem sich auch das Verhalten der Jugendlichen richtet. In der Geschlechterdimension kommt eine ausgeprägte „Männlichkeit" zum Vorschein, die die bedingungslose Verteidigung der weiblichen Familienmitglieder zur Folge hat. Droht die Gefahr eines Ausschlusses aus dem Clan oder der Community, so steigt der Druck auf die vermeintliche Männlichkeit, die in diesem Fall sehr brutal und rigide erlebt werden kann. Mit solchen Vorstellungen von Ehre, Freundschaft, Männlichkeit, Solidarität und Loyalität wachsen viele Jugendliche aus ehrkulturellen Milieus auf. Toprak und Mafaalani weisen darauf hin, dass es hier besonders um männliche Jugendliche türkischer und arabischer Herkunft handle.

So ist man nur als ehrhafter Mann ein „richtiger Mann", nur als solidarischer und loyaler Freund ein ehrhafter Mann und nur dann ein ehrhafter Mann, wenn die weiblichen Familienmitglieder verteidigt und ggf. kontrolliert werden. Bei straffälligen Jugendlichen wird immer wieder festgestellt, dass sie aufgrund ihres Ehrbegriffes zu Straftaten bereit sind.[110]

Der Aspekt der „Verteidigung weiblicher Mitglieder" zeugt von einer konservierten Vorstellung von den Geschlechtern und den Rollen, die diesen zugeschrieben werden und weist auf ein Ungleichgewicht der Geschlechterverhältnisse in ehrkulturellen Milieus hin. Ehre zu haben oder „ehrhaft" zu sein bedeutet also, die Sexualität der Mütter, Schwestern, Cousinen oder Töchter verteidigen zu müssen, damit der Ruf der Familie gewahrt werden kann. Dieser Druck auf männliche und weibliche Familienmitglieder, ihre Ehre bewahren zu müssen, wird in der Familie tradiert und als wertschätzend erlebt und empfunden. Das Phänomen der Ehre wird unter dem Aspekt der Geschlechterverhältnisse anders definiert.

Mädchen und Frauen werden als ehrhaft erlebt, wenn sie ihre Ehre im Sinne der vermeintlichen Tugenden wie Jungfräulichkeit oder Treue in der Ehe beweisen. Es ist interessant, dass sie diese „Werte" fortwährend beweisen müssen, während der Pubertät, in der Jugendzeit, in der Ehe. Da die Frauen (Mütter, Töchter, Schwestern, Cousinen) generell unter Verdacht stehen, „unmoralisch" zu sein, müssen sie kontrolliert werden. Das Vertrauen in das weibliche Geschlecht ist hier sehr schwer herauszufiltern. Entzieht sich eine Frau der männlichen Kontrolle, gilt sie schon als unehrenhaft und ihr Verhalten wird durch Ausstoßen aus der Community, Gewalt oder sogar Ehrenmorde sanktioniert. Betrügt die Frau ihren Mann, bedeutet dies, dass sie nicht nur ihre eigene Ehre, sondern auch die Ehre ihres Mannes befleckt hat, da dieser nicht „Mann" genug war, sie davon abzuhalten. Um die

Frau und damit die Ehre der Familie nach Außen verteidigen zu können, muss ein Mann also Stärke, Härte und Unverletzlichkeit zeigen.

Aus dem Begriff „Ehrenhaftigkeit“ lassen sich zwei Elemente herausarbeiten:

Die Innen-Außen-Grenze: Die Großfamilie wird als Einheit und als Ganzes konstruiert. Schwierigkeiten, die innerhalb der Familien beziehungsweise zwischen den Familienmitgliedern entstehen, werden innerhalb der Familie unter Aufsicht der Ältesten gelöst. Hier wird noch ein kollektivistisches Element sichtbar: Altershierarchie und das Recht des Älteren. Über Schwierigkeiten redet man nicht und Fehler werden meistens nicht eingestanden oder verschwiegen. Nach Außen wird ein geschlossenes und einheitliches Bild transportiert, damit die Familienehre nicht befleckt wird. Sehr oft werden in schwierigen Situationen die Geschichten von Ahnen herbeigezogen, um den Familienzusammenhalt zu gewährleisten. Sätze wie „Bei Milanovics oder bei Turkanovics waren Männer immer …“ oder „Müllers waren immer ehrlich!“ und so weiter, Beleidigungen der weiblichen Mitglieder oder Verletzungen der Familienehre werden kollektiv, nicht als Einzelfälle, als Beleidigung wahrgenommen. Solche Grenzüberschreitungen müssen daher verteidigt werden, so dass der ganze Clan an Sanktionierungen teilnimmt. Im schlimmsten Fall, also in der Entscheidung über Leben oder Tod eines Familienmitgliedes, besteht daher ein Familienkonsens. Ein Familienmitglied wird ausgesucht, meistens ein unmündiger Bruder oder Cousin, um die Tat zu begehen. Die anderen Familienmitglieder beteiligen sich, indem sie die Tat schweigend und im Konsensus rechtfertigen, und zwar im Namen der „Ehre“. Es stellt sich hier die Frage, ob die Familienmitglieder – zumindest im Ausland – in der Lage sind, die kollektive Schuldzuweisung zu durchbrechen. Die Erfahrungswerte aus der Projektarbeit[111] zeigen, dass dies sehr selten möglich ist, da einzelne Familienmitglieder, die sich widersetzen, Gefahr laufen, aus der Familie oder dem Clan ausgestoßen zu werden. Dies bedeutet vor allem für männliche Familienmitglieder, verachtet zu werden. Ihnen werden ihre Mannhaftigkeit und Ehre abgesprochen und sehr oft bleibt sowohl die emotionale als auch materielle Unterstützung aus.

Das Verhältnis zwischen Mann und Frau: Das zweite wichtige Element der Ehrenhaftigkeit bezieht sich auf das Verhältnis zwischen Mann und Frau. Hier soll auf die stark vorhandene und verinnerlichte Geschlechtertrennung in den Familienstrukturen eingegangen werden, denn sie beginnt schon vor der Geburt, und zwar in der Sozialisierung der Eltern. Wie in den meisten Kulturkreisen werden den Kindern die Geschlechterrollen durch die Wunschvorstellungen der Eltern darüber, wie ihr Junge oder ihr Mädchen sein sollte, zugeschrieben. Hier werden vorwiegend die Wunschvorstellungen abgerufen, die sie selbst bereits durch ihre eigene Erziehung verinnerlicht haben. Sehr oft handelt es sich um Wunschvorstellungen oder Anforderungen, die möglicherweise während des eigenen Lebens nicht erreicht wurden. Kinder werden dann als Projektionsfläche herangezogen und in einen Kontext vorgeformter Werte und geschlechtsspezifischer Erwartungen hineingeboren. Die Eltern patriarchal-konservativer Familien gewähren ihren Söhnen mehr Freiheit und erlauben ihnen mehr Aggressivität. Mit Sätzen wie „Burschen sind so“, „Burschen müssen stark sein!“ oder „Burschen schlagen sich halt untereinander“ wird Aggressivität gefördert. Außerdem wird auch ein selbstbewusstes Auftreten gegenüber Mädchen erwartet. So werden die geschlechtsspezifischen Unterschiede konstruiert und tradiert. Burschen haben aus diesem Grund auch mehr Bewegungsfreiheit, dürfen sich austoben und ihren Schwestern oder Cousinen gegenüber stark, hart, frech und sehr oft aggressiv sein. Das ist zugleich ein wesentlicher Bestandteil des Bildes von Männlichkeit und Ausdrucksstärke. Sollten diese Männlichkeitsrollen den Erwartungen der Community nicht entsprechen, wandeln sie sich in das Gegensätzliche: Männer, die nicht stark und dominant genug erscheinen, werden als „Schwächlinge“ abgestempelt. Stärke und Dominanz wird hier als Fähigkeit gesehen, die eigene Familie verteidigen zu können. Besitzt oder beweist der Mann diese „Fähigkeit“, wird er als ehrenhaft wahrgenommen und respektiert. Ein Mann wird also ehrenhaft, wenn er in der Lage ist, im Falle einer Herausforderung zu kämpfen. Daher reagieren viele Jugendliche sehr sensibel und streitlustig, wenn sie beleidigt oder herausgefordert werden. Eine andere Strategie – wie zum Beispiel ein Gespräch zu führen, sich versöhnlich zu zeigen oder Kompromisse einzugehen – wäre nicht ehrenhaft genug und daher unangebracht. Der Wert der Ehre wird also als Männlichkeitsnorm interpretiert.

Auch von Frauen wird Ehrenhaftigkeit erwartet. Das weibliche Geschlecht bekommt jedoch eine völlig andere Art von Rollenzuschreibungen. In erster Linie zeichnet sich die Ehre der Frau durch ihre Jungfräulichkeit vor der Ehe und Treue in der Ehe aus. Die Frau wird also auch im Zusammenhang mit dem Mann und nicht als

Geschlecht wahrgenommen, das sich auch selbständig behaupten kann. Sollte eine Frau die Rollenzuschreibung in Frage stellen oder sogar in Gefahr bringen, drohen ihr Strafmaßnahmen, die sehr unterschiedlich ausfallen können: Verstoß aus der Familie oder gar aus der Community, Rufschädigung, körperliche Gewalt, Kindesentziehung, Ehrenmorde und viele mehr. Das Verhalten der Frau muss makellos sein und den streng segregierten Geschlechterrollen des jeweiligen Kulturkreises entsprechen, damit ihre Ehrenhaftigkeit erhalten bleibt. Von den weiblichen Familienmitgliedern wird Abhängigkeit und Ergebenheit erwartet. Sie werden oft erzogen, sich still, gehorsam und bescheiden zu geben. Hier muss angemerkt werden, dass Jungfräulichkeit und Treue in erster Linie das sexuelle Verhältnis zum männlichen Part betreffen, was wiederum die Ehrenhaftigkeit eines Mannes im Geschlechterverhältnis vom sexuellen Verhalten seiner Frau abhängig macht. Wenn der Wert der Ehre mit Männlichkeit gleichgesetzt wird, wird in dem Fall mit „Ehre" die Kontrolle der weiblichen Sexualität implizieren. Töchter und Schwestern werden vor der Ehe überwacht und präventiv zwangsverheiratet, wodurch die Kontrolle über die Töchter vom Vater auf den Ehemann übergeht beziehungsweise übergeben wird. Diese Ausführungen und Rollenzuschreibungen zeigen deutlich, dass Männlichkeit als Norm nicht im Selbst angesiedelt ist, sondern fremdbestimmt wird. Die Fremdbestimmung der Männlichkeit geschieht zuerst durch die Community, in der sie vorgegeben wird und in bestimmten Denkmustern wie Stärke, Härte, Dominanz, Virilität vorkommt. Unhinterfragt wird sie weitertradiert, wobei in solchen Mustern und männlichen Rollenzuschreibungen wenig Raum für Gefühle und Reflexion bleibt.

Zum zweiten ist die Männlichkeit vom sexuellen Verhalten der Frau abhängig, so dass sie auch hier vom Mann abgekoppelt wird und im Verhalten der Frau abgebildet ist. Das impliziert, dass der Mann keine Kontrolle über seine Männlichkeit hat, da die Männlichkeit in diesem Fall direkt vom sexuellen Verhalten einer Frau abhängig und damit fremdbestimmt ist.

Ich wage an dieser Stelle zu behaupten, dass diese Auslagerung zu Unsicherheit innerhalb der eigenen Persönlichkeit beziehungsweise Männlichkeit führt und Unsicherheit als Schwäche empfunden wird, was wiederum Angst erzeugt, die sehr oft kognitive Fähigkeiten paralysiert beziehungsweise zu negativen Emotionen oder affektiven Handlungen führen kann. Daher erscheint die These, dass Männlichkeit in diesem Kontext fremdbestimmt ist und daher von Unsicherheit, Angst, Kontrollwahn und Aggression gerahmt ist, sehr plausibel. Dieses emotionale Umfeld prägt daher das Bild der Männlichkeit sehr negativ und lässt keinen Spielraum für andere Emotionen.

An dieser Stelle möchte ich noch darauf hinweisen, dass auf die Tradierung der Rollenzuschreibungen in den Communities auch Mütter einen großen Einfluss ausüben, da das Fehlverhalten der Töchter immer auf ihre Unfähigkeit als Mutter in der Erziehung ihrer Töchter zurückgeht, was einen enormen Druck auf die Mütter erzeugt, für die Ehre der Familie verantwortlich zu sein.

Da Aggressionen als negative und destruktive Kraft wahrgenommen werden, stehen in vielen Gesellschaften beziehungsweise Kulturkreisen unterschiedliche Normen zur Verfügung, die diese regulieren. Aggressionen und gewalttätiges Verhalten können auch gepusht werden, wie ich in vorherigen Kapiteln gezeigt habe. Ein Paradebeispiel für den Einfluss sozialer Rollen auf Aggression sind die Geschlechterrollen. Wenn aggressives Verhalten belohnt wird, dann wird sich Aggression auszahlen und umgekehrt. Im Ehrenkontext wurde deutlich gezeigt, dass sich aggressives Verhalten durch Härte, Stärke und Dominanz nicht nur auszahlt, sondern in manchen Kulturkreisen vorausgesetzt wird. Wenn Burschen schon in der Sozialisierungsphase für hartes und aggressives Verhalten belohnt und Mädchen dafür sanktioniert werden, liegt es auf der Hand, dass beide Geschlechter unterschiedliche Verhaltensstrategien für sich entwickeln müssen, wie sie mit Aggression umzugehen haben.[112]

Die Sozialisierungserfahrungen der Jugendlichen sind eine wichtige Quelle für ihr Verhalten. Solche Erfahrungen machen die meisten Jugendlichen in ihrem unmittelbaren sozialen Umfeld. Das Verhalten von Eltern, Altersgenossen oder Kulturkreis beeinflussen unter anderem auch das aggressive Potenzial der Jugendlichen. Falls die Eltern selber in ihrer Beziehung Aggression und Gewalttätigkeit zeigen, wird es wahrscheinlicher, dass auch die Kinder dieses Modell als Verhaltensmuster übernehmen. Ähnliches findet man bei „Peers" (Altersgenossen). Die Peers, insbesondere die beliebtesten oder populärsten, etablieren die Verhaltensnormen. Verhält sich ein Jugendlicher, der sich in der Schulklasse einer besonders hohen Beliebtheit erfreut, aggressiv, wird sich die ganze Klasse aggressiver verhalten. Daher kann gesagt werden, dass Aggression durch soziale Faktoren determiniert ist. Ebenso spielt der Kulturkreis eine große Rolle im Sozialisierungsprozess und fördert aggressive Verhalten oder lehnt es ab.

Es ist besonders wichtig, in Bezug auf ehrkulturelle Milieus darauf hinzuweisen, dass traditionelle Normen, die Aggression und traditionelle Gewaltpraktiken wie zum Beispiel Genitalverstümmelung, Zwangsheirat oder Ehrenmorde und ähnliches legitimieren, einen negativen Einfluss auf die Entwicklung der Jugendlichen haben. Aggressives Verhalten wird aber auch durch andere soziale Faktoren beeinflusst. Einer der wichtigsten Faktoren im Sinne situativer Einflüsse ist die Anonymität, was in einer Gruppenentscheidung eines kollektivistisch geprägten Kulturkreises sehr oft der Fall ist. Die kollektivistische Prägung eines kulturellen Milieus wird besonders dann gefährlich, wenn der Einfluss der Gruppennormen überwiegt und das Persönliche in den Hintergrund rückt. Unterstützt die Gruppe das aggressive Verhalten, wird es überwiegen. Die Selbstverantwortung des Individuums für die Taten fällt weg beziehungsweise wird geringer im Vergleich zu individualistisch geprägten Kulturkreisen, in denen jede*r volljährige Bürger*in die Verantwortung für die eigenen Taten und Handlungen übernimmt. Ein Beispiel aus Kitzbühel zeigt einen gravierenden Unterschied zwischen Mord aus Eifersucht[113] und Ehrenmord. Während Mord aus Eifersucht sowohl durch die Justiz als auch in Familie und Gesellschaft verurteilt wird, wird Ehrenmord gesellschaftlich durch eine gemeinsame Entscheidung (Deindividuation) aus traditionellen Gründen legitimiert.

Zuletzt darf man den Einfluss von Medien und Sprache in der Entwicklung der Aggressionspotenziale nicht außer Acht lassen. Sogenannte aggressive Hinweisreize[114] können entscheidend für aggressives Verhalten sein und werden in unserem Gedächtnis mit aggressiven Inhalten assoziiert beziehungsweise verknüpft. So kann beispielsweise alleine die Anwesenheit von Waffen aggressives Verhalten intensivieren und fördern. Ähnliches können Bilder, Filme, Internet, Lieder und Sprache verursachen. Gewalt in den Medien kann also wie ein Priming wirken und „aggressive Konstrukte – situational oder chronisch – verfügbarer machen".[115]

Das kulturelle Gedächtnis

Sich erinnern können

Was bringt es einem Menschen, sich mit seiner Vergangenheit zu beschäftigen? Handelt es sich dabei um eine Legitimation der eigenen Identität, um Rechtfertigung, Versöhnung mit sich selber oder mit der Welt?

Sich mit der eigenen Vergangenheit beschäftigen bedeutet auch, sich erinnern zu können. Sich verinnerlichen, bewusst werden. Wenn über das Vergangene gesprochen wird oder man sich erinnert, lässt man sehr wohl autobiographische Elemente durchsickern. Wir erinnern uns, indem wir unsere gespeicherten Erfahrungen oder Erlebnisse noch einmal abrufen. Oder wir können uns an etwas erinnern, was wir gelernt und uns eingeprägt haben. Jan Assmann spricht vom *episodischen* und *semantischen Gedächtnis.* Das erste bezieht sich auf die Erfahrungen und Erlebnisse, und das zweite auf das Gelernte.[117] In beiden Fällen ist es schwierig zu unterscheiden, welche Erinnerungen individuell und welche mit dem sozialen Umfeld verbunden sind, denn sich erinnern können, bedeutet auch gleichzeitig, ein Gedächtnis zu haben, das durch Bewusstsein und Sprache, also in jedem Fall sozial, geprägt ist. Der Austausch untereinander hilft uns, das soziale Gefüge in unserem Gedächtnis einzuprägen und uns erinnern zu können. Das *Ich* ist soziogen, also wird es von außen nach innen geprägt.[118] Das *Ich* wird durch die Kommunikation in der Gruppe geformt und bekommt dabei wichtige Informationen über das Selbstbild vermittelt. Andererseits kann behauptet werden, dass es ohne Individuen auch keine Gruppe geben kann, die wiederum das *Wir* konstruieren und mittragen.

> Individuelle Identität ist das im Bewusstsein des einzelnen aufgebaute und durchgehaltene Bild der ihn von allen („signifikanten") Anderen unterscheidenden Einzelzüge, das am Leitfaden des Leibes entwickelte Bewusstsein seines irreduziblen Eigenseins, seiner Unverwechselbarkeit und Unersetzbarkeit.[119]

Margarete Mitscherlich stellt fest, dass der Mensch auf das Leben in der Gruppe angewiesen ist, so dass er sich, um überleben zu können, an die Gruppenmoral anpassen muss. Diese Gruppenmoral repräsentiert jene Realität, an die er sich anpasst, die Kulturanpassung wird also von außen herbeigeführt, so dass das Triebverlangen gebändigt und durch Gesetze, Regeln, Bräuche ersetzt werden soll. In Folge solcher kulturellen Zwänge werden gesellschaftliche Forderungen verinnerlicht. Die Verinnerlichung der kulturellen Regeln und Bräuche werde als Gewissen empfunden, das also von innen die Einhaltung der Regeln und Moral fordert.[120]

Das kommunikative Gedächtnis, das kulturelle Gedächtnis und Tradition

Kultur und Gesellschaft sind Grundstrukturen, das heißt irreduzible Grundbedingungen des Menschseins überhaupt. Um sich dieses zu bewahren, hat der Mensch Strategien entwickelt beziehungsweise wurde er von der

Entwicklung des Bewusstseins geleitet, welches neurobiologische Voraussetzungen für das Bindungsverhalten hatte. Was Menschen „zusammenschweißte" ist zum Beispiel Sprache und Lachen. In der Kommunikation mit anderen erfährt der Mensch eine Rückmeldung auf sein Verhalten und kann es korrigieren oder anpassen. Ein wichtiger Aspekt ist die orale (mündliche) Kommunikation oder Weitergabe von Informationen über vergangene Generationen, über ihr Leben oder Rituale der Vorfahren. Diese wichtige Strategie dient den Menschen zu ihrem Erhalt und wird das „kommunikative Gedächtnis" genannt. Hier handelt es sich um verkörperte Erinnerungen, die sich auf kommunizierte Erfahrungen beziehen. Diese Erfahrungen binden den Menschen an seine Vergangenheit, weil sie identitätsstiftend sind.[121] Das *kommunikative Gedächtnis* erfasst Erinnerungen, die der Mensch mit seinen Zeitgenossen teilt. Das *kulturelle Gedächtnis* richtet sich dagegen auf „Fixpunkte in der Vergangenheit", die erinnert werden können. Es zähle hier nach Assmann keine faktische Vergangenheit, sondern nur erinnerte Geschichte. Das kulturelle Gedächtnis kann faktische Geschichten in Mythen transformieren, wie zum Beispiel der Exodus als Gründungsmythos Israels. Durch das Pessach-Fest werden Erinnerungsrituale wiederholt und durch Erinnerung wird Geschichte zum Mythos. Daher sind Rituale und Feste in jedem Volk ein Bestandteil seiner Erinnerung und Mythenbildung und schließlich der kollektiven Identität – des *Wir*.

Sich erinnern können bedeutet, in der Lage zu sein, seine eigene Vergangenheit abrufen und sie weitergeben zu können. Durch die Weitergabe der Erinnerungen wird ein Fundament für die Tradition geschaffen. Es bestehen unterschiedliche Definitionen von Tradition, trotzdem kann eine grundsätzlich gemeinsame Definition herausgearbeitet werden, nämlich, dass Tradition das Geschäft des Überlieferns und Rezipierens sowie der Bestand des Überlieferten bedeute. Tradition ist demnach nicht dynamisch, sondern im Gegenteil, sie lässt keinen Raum für das Unbewusste, da durch historische Wiederholungen der gefestigten Erinnerung (durch Feste und Rituale, Narrative) die Weitergabe kontrolliert wird. Der Philosoph Jaques Derrida führt hier einen neuen Begriff ein, in dem auch das Unbewusste beziehungsweise die unbewusste Weitergabe einen Raum hat – der Begriff des Archivs. „Derridas Begriff des Archivs entspricht bei Bernstein ein erweiterter Begriff von Tradition, der unbewusste Aspekte der Weitergabe und transgenerationellen Übertragung einschließt".[122] Derrida nennt den Begriff des „Archivs" eine gegenwartkonstituierende und zukunftsermöglichende Gedächtnisform im Medium sprachlicher und außersprachlicher, diskursiver und nichtdiskursiver Symbole, durchwaltet von politischen Strukturen der Macht und der Herrschaft.

Sigmund Freud bereichert das kulturelle Gedächtnis um die Dimension des Unbewussten. „Während der Begriff der Tradition sich nur auf die bewusste kulturelle Arbeit und Technik der Aufnahme und Weitergabe von Überlieferung bezieht, umgreift der Begriff des Gedächtnisses auch das unbewusste Seelenleben der Gruppe".[123] Für Freud bedeutet die monotheistische Religion die Wiederkehr einer verdrängten Erinnerung, und zwar einer ersten tradierten Tötung in der Menschheitsgeschichte – der Mord an Mose.

Schuldgefühle, ausgelöst durch diesen Mord, prägen bis in die Gegenwart das Empfinden von Schuld und Angst und führen Menschen zu einer verstärkten Hingabe an Gott und Religion.[124] Freud lokalisiert das kollektive Gedächtnis im Unbewussten.

Gedächtnis und Tradition aus der Geschlechterperspektive

Aufgrund der Tatsache, dass auch unbewusste Aspekte die Weitergabe und Übertragung der Erinnerungen beeinflussen, stellt sich die Frage, was mit Machtverhältnissen und Herrschaftsansprüchen in der gesellschaftlichen Ordnung geschieht, deren Gründung oder Konstitution androzentristischer Natur ist. Die ungleichen, geschichtlichen Machtverhältnisse zwischen den Geschlechtern wurzeln in einem tief verankerten patriarchalen Denkmuster und zeichnen sich auch in unterschiedlichen Aspekten der Narrative ab. *Das Nicht-Vorhandensein der weiblichen Narrative in der Geschichte oder einzelne geschichtliche Beweise der wenig vorhandenen weiblichen Narrative zeugen von einem patriarchal geprägten kulturellen Gedächtnis oder Archiv, in dem es lediglich für die männlichen Träger von Narrativen und Erinnerungen ausreichend Speicher gibt.*

Dies impliziert die Frage, wer ein Recht darauf hat, sich zu erinnern. Und auf welche Weise? Wenn man es aus der Sicht der Geschlechterverhältnisse betrachtet, wird klar, dass in patriarchalen sozialen Ordnungen nur das eine Geschlecht die Deutungsmacht hatte, nämlich das männliche. Im mitteleuropäischen Raum existiert eine Form der Geschlechtsvormundschaft (in erster Linie Vormundschaft über unverheiratete, verwitwete oder geschiedene Frauen) und Ehevormundschaft (das Äquivalent für die verheiratete Frauen), die Frauen an jeglicher freien Handlung hindern. Auch im Eherecht im frühen

Mittelalter finden sich unzählige Beweise dafür, wie unterwürfig eine Frau sein musste. Das patriarchale Denkmuster des männlichen Herrschaftsgeschlechts bestimmte die Lage der Frau im geschichtlichen, gesellschaftlichen und religiösen Kontext. Die Ehe wurde als christliches Sakrament und „gottgewollte" Rollenverteilung geltend gemacht. Die „Reproduktionsbeauftragte" geriet so unter die Kontrolle des männlichen Geschlechts. All die anderen Frauen, die nicht unter dieser Kontrolle standen, wurden als Gefahr wahrgenommen.

Die ältesten Quellen aus germanisch-fränkischer Zeit belegen eine patriarchale Gesellschaftsordnung:[125]

> Die muntunterworfene Frau hatte keinerlei Anteil am öffentlichen Leben, sie war wehr-, gerichts- und ursprünglich auch gänzlich vermögensunfähig. Die Ehefrau galt zwar als Herrin des Hauses im Gegensatz zu „Friedl" und „Kebse", sie war aber nur die „Spitze der Hausdienerschaft" und somit dem Ehemann gewaltunterworfen. Die Frau selbst konnte nie Trägerin der Muntgewalt sein.[126]

Im späteren Mittelalter kam es dann zur Verbesserung der Rechtsstellung der Frauen, besonders im städtischen Bereich. Diese Entwicklung ist nicht auf ein fortschrittliches Denken zurückzuführen, sondern auf wirtschaftliche Notwendigkeit, da die Arbeitskraft der Frauen zum Aufrechterhalten des Wirtschaftslebens gebraucht wurde. Es ist interessant, dass sich trotz einiger fortschriftlicher Rechtssysteme, die durchaus Ansätze einer Gleichbehandlung der Geschlechter beinhalteten, patriarchale Denkmuster oder Narrative durchsetzen konnten. Das römische Privatrecht gab in vielerlei Hinsicht ein positives Bild über die Rechtsstellung der Frau. Ab dem 3. Jahrhundert nach Christus waren die Ehepartner*innen grundsätzlich gleichgestellt. Auch die

Geschlechtsvormundschaft bildete sich zurück, so dass erwachsene Frauen unbeschränkt partei- und prozessfähig waren. Die Frau hatte nach Römischem Recht ein Recht auf Scheidung wie ihr Ehemann und war erbrechtlich gleichgestellt.[127]

Anstatt solche vorhandenen Ansätze zu berücksichtigen, griff man auf die der Antike entstammende Auffassung über die „Inferiorität" (Minderwertigkeit) der Frau zurück. Eine große Rolle spielte die aristotelische Zeugungslehre, in der Aristoteles die Ansicht vertrat, dass das weibliche Geschlecht wertlos sei. In den fünf Büchern von Aristoteles *Über die Zeugung* findet man ein patriarchales und diskriminierendes Verständnis des Geschlechterverhältnisses: „... man muß [sic!] ja Weiblichkeit als einen natürlichen Mangelzustand ansehen" und „... ein Weibchen ist wie ein verkrüppeltes Männchen".[128]

Diese Inszenierung der inferioren Geschlechtersymbolik bezieht sich auf das sogenannte Ein-Geschlecht-Modell, nach dem Frauen als minderwertige Variante der Männer und die Vagina eine als nach innen gekehrter Spielart des Penis gesehen werden. Derartige Narrative führten in weiterer Folge dazu, dass der einflussreiche Anatom, Galen von Pergamon, das Ein-Geschlecht-Modell fortsetzte, das zur Grundlage der westlichen Medizin wurde.

Zu dieser Zeit wurde die Stellung der Frau nicht in Frage gestellt. Ihre Unterordnung war ein Postulat, aus dem sich eine Maxime im Leben einer Frau ergibt, nämlich, sich dem Mann zu fügen, dem von „Gott, Natur und Recht die Rolle des Stärkeren zugedacht wurde".[129] So entstanden auch die ersten Kodifikationsversuche, in denen sich eine Minderbewertung der Frau abspiegelte, und zwar indem man auf die schon vorhandenen patriarchal kodierten Rechtsmuster- und normen zurückgriff, die in der Geschichte weiter tradiert wurden.

Die Kirche übernahm das unterwürfige Bild und schloss Frauen vom priesterlichen Amt aus. Theologen und christlich orientierte Autoren bemühten sich ebenfalls, ihre eigenen misogynen Vorstellungen von der Minderwertigkeit des weiblichen Geschlechts zu beschreiben. So wurden aus den Vorstellungen Ratgeberbücher, pseudowissenschaftliche Abhandlungen über den Geschlechterunterschied, Holzschnitte und vieles mehr.

Auf diese Weise wurde ein kulturelles Gedächtnis geschaffen, in dem es keinen Raum für eine Gleichbehandlung des männlichen und weiblichen Geschlechtes gab. Die Kette der Verschriftlichung der Minderwertigkeit der Frau zog sich einige Jahrhunderte durch, bis ins 20. Jahrhundert. Für die Frau ergaben sich aus dem christlich geschaffenen Bild viele Rollenzuschreibungen, denen sie entsprechen musste. So sollte sie sich von ihrem Gatten leiten lassen und sich ihm fügen, Mädchen sollten vor allem schweigen lernen, die Verwitwete sollte zurückgezogen leben und so weiter. Hierbei wird deutlich, dass die Geschlechterrollen und ihre Zuschreibungen aus patriarchal konnotierten Strukturen entstanden, kanonisiert und weiter tradiert worden sind.

Diese Rollenzuschreibungen wurden jahrhundertelang konstruiert, kanonisiert und so zum Bestandteil des kulturellen Erbes, das als „naturgegeben“ und „selbstverständlich“ wahrgenommen wurde und wird.

Trotz der Kanonisierung der weiblichen Minderwertigkeit gab es im 14. Jahrhundert eine Emanzipationsbewegung belesener Frauen. Gleich darauf bildeten sich aber auch Gegenbewegungen, die eine „Verteidigung der

Moral" forderten.[130] Diese Gegenbewegungen trugen zu einem sehr düsteren Kapitel der Menschheitsgeschichte bei: den Hexenverfolgungen.

Im späten 16. Jahrhundert wurden die Hexenverfolgungen zu einem Massenphänomen. Hexerei wurde unter dem christlichen Einfluss mit Häresie in Verbindung gebracht und bekam somit eine religiöse Komponente. Eine Grundlage für die Strafbarkeit der Hexerei entnahm man der Bibel, Exodus: „Eine Zauberin darfst du nicht am Leben lassen".[131] Die Hexenbulle von Papst Innozenz VIII (*Summis desiderantes*, 1484) und der Hexenhammer (*Malleus maleficarum*, 1487) dienten als Einleitung und Handbuch der Hexenverfolgung. Die Tötungen beziehungsweise Hexenverbrennungen stellten eine Art Antwort auf die mittelalterlichen Emanzipationsentwicklungen in Richtung Gleichberechtigung der Geschlechter und den „Domestizierungsversuch einer patriarchalen Gesellschaft"[132] dar. Die Hexenprozesse dienten auch dazu, aktive Frauen in Männerdomänen zu disziplinieren. Hebammen, Kräuterfrauen und andere Berufe stellten eine Art Konkurrenz zu den ausgebildeten Medizinern dar. Hexenprozesse wurden von vielen fortschrittlichen Geistern kritisiert. Trotzdem kann gesagt werden, dass schätzungsweise neun Millionen Menschen dem Hexenwahn zum Opfer gefallen sind. Genaue Angaben, wie viele Frauen vom Hexenwahn betroffen waren, gibt es nicht.

In Österreich hob Joseph II. mit dem *Allgemeinen Gesetzbuch über Verbrechen und derselben Bestrafung* vom 13. Jänner 1787 die Verbrechertatbestände der Zauberei und Hexerei auf.[133]

Die Zeit der Aufklärung forderte eine Gleichheit aller Menschen und löste viele Unruhen und Revolutionen aus. Die erste war die Französische Revolution von 1789, die im ganzen Europa ihre geistigen Spuren und für diese Zeit fortschrittlichen Ideen hinterließ. Das bedeutete jedoch nicht automatisch, dass auch Frauen ihre Rechte erhielten. Es bedurfte weiterhin vieler Einzelkämpferinnen und Frauenvereine, die sich untereinander stärkten und unterstützten.

Die Dualität von Körper und Geist wurde zu einer Grundlage der Anthropologie, der „Wissenschaft vom Menschen". Es entstanden neue Ansätze in der Geschlechtlichkeit und Annahmen, dass der Mensch durch seine Geschlechterzugehörigkeit in seinem ganzen Wesen geprägt ist.

Allmählich wurde eine Lehre der Geschlechtscharaktere aufgestellt, die „bestimmte Eigenschaften qua Biologie und daher unwiderruflich entweder Frauen oder Männern zuschrieb und die für die bürgerliche Moderne bezeichnend werden sollte".[134] Philosophen der Aufklärung begannen ein Frauen- und Männerbild zu postulieren und den Gesetzmäßigkeiten der „Natur" entsprechend zu entwerfen. Jean-Jacques Rousseau, der die Frau als Ergänzung des Mannes sieht, definierte die Frau über ihr Geschlecht und sah ihren Lebenszweck daher in ihrer Bestimmung, Kinder zu bekommen beziehungsweise in der Fortpflanzung. Die Frau bekam ihre Existenzberechtigung durch die Ehe und wurde dem Mann beziehungsweise der gesellschaftlichen Ordnung unterworfen. Damit die Frau nicht ganz vom Mann abhängig war, schrieb Rousseau ihr eine eigene Macht zu:

> [...] daß [sic!] der Stärkere nur scheinbar der Herr ist und in Wirklichkeit vom Schwächeren abhängt; nicht aus leichtfertiger Galanterie, nicht aus selbstherrlicher Beschützergroßmut, sondern aus einem unabänderlichen Naturgesetz, das es der Frau leichter macht,

> Begierden zu erregen, als dem Mann, sie zu befriedigen, und ihn so, ob er will oder nicht vom Gutdünken des anderen abhängig macht und ihn zwingt, seinerseits danach zu trachten, ihr zu gefallen, damit sie ihn den Stärkeren sein läßt [sic!].[135]

So wurde die Unterwürfigkeit der Frau als naturgegeben konstatiert und die Frau dementsprechend als auf den Mann ausgerichtet erziehbar. Rousseau wies ihr eine dreifache Rolle zu, nämlich die der Ehefrau, der Hausfrau und der Mutter. Die Häuslichkeit der Frau wurde ihrer Tugend und zum Ideal der Weiblichkeit. Die Aufklärung brachte neue Ansätze und Werte, die sich aber innerhalb der Männerdomäne bewegten, während sich im familiären Bereich – trotz des Bekenntnisses zu gleichen bürgerlichen Rechten im Code civil – patriarchale Vorrechte durchsetzten. Dennoch veränderte die Zeit der Revolutionen in Europa im 18. Jahrhundert auch den Diskurs um die Stellung der Frau in der Gesellschaft.

Dieser Diskurs war ein Meilenstein im kulturellen Gedächtnis einer Gesellschaft, deren Fortschritt sehr wohl auch Frauen mitgestaltet und mitgetragen haben. Im Zuge der neuen Auffassungen und Gerechtigkeitsempfindungen begann sich ein System von Rechtsregeln zu entwickeln, das den neuen Vorstellungen entsprach. Da stellte sich insbesondere die Frage der Rechtsgleichheit für Frauen. Durch den Gleichheitssatz in der Verfassung und die allgemeinen Rechte der Staatsbürger, „Vor dem Gesetz sind alle Staatsbürger gleich", wurden in Österreich die Türen für Gleichberechtigung der Frauen um einen kleinen Spalt geöffnet.[136] Allmählich wuchs das Bewusstsein der Frauen in ganz Europa zur *Ersten Frauenbewegung* (Alte Frauenbewegung) an, durch die einige Forderungen herausgearbeitet wurden: Verkürzung der Arbeitszeit, gleicher Lohn für gleiche

Arbeit, Öffnung aller Berufssparten für Frauen, Verbot der Frauenarbeit bei Nacht, Verbot der Frauenarbeit, wenn diese für den weiblichen Organismus besonders schädlich ist, Schwangeren- und Wöchnerinnenschutz, Mutterschutz und so weiter.

Der Kampf um die politischen Rechte der Frauen entwickelte sich nur schrittweise. So wurden Frauen in Österreich 1869 zum ersten Mal zum öffentlichen Dienst zugelassen. Die Löhne der Lehrerinnen im Vergleich zu männlichen Kollegen waren niedriger. Dieser Umstand sei laut einigen Wissenschaftlerinnen auf die leeren Staatskassen zurückzuführen. Die internationale Unterstützung der Frauenbewegungen (Stimmrechtskongress des Weltbundes für Frauenstimmrecht in Budapest mit Vorkonferenz in Wien, 1913) deutet auf eine verstärkte Bewusstseinsänderung und Sensibilisierung in der Frauenfrage hin. Schließlich wurde am 12. November 1918 in Österreich das aktive und passive Wahlrecht ohne Unterschied des Geschlechts gesetzlich ermöglicht.[137]

Nach dem Untergang der österreichisch-ungarischen Monarchie und zu Beginn des 1. Weltkrieges wurde den demokratischen Grundsätzen entsprechend weiter am Gleichheitsgebot gearbeitet. So wurde das allgemeine Gleichheitsgebot des Art. 2 StGG 1867 durch Art. 7 (1) B-VG konkretisiert. Damit wurde der Gleichberechtigungsgrundsatz der Geschlechter erstmals in die Österreichische Verfassung eingegliedert:[138]

Artikel 7 (1) Alle Bundesbürger sind vor dem Gesetz gleich. Vorrechte der Geburt, des Geschlechtes, des Standes, der Klasse und des Bekenntnisses sind ausgeschlossen.

Der Gleichberechtigungsgrundsatz war ein neues Phänomen, nicht nur auf juridischem Weg, sondern auch im breiten Bewusstsein und der Entwicklung der Rollenzuschreibungen zwischen Männern und Frauen. Noch immer war das patriarchale und hierarchische Element in der Gesellschaft vorherrschend, und mit ihm auch die archaischen Bilder und Denkmuster über Frauen und Männer. Es fehlte einerseits am Selbstbewusstsein der Frauen, um die Gleichberechtigung auch in die Tat umzusetzen, andererseits gab es strukturelle Hindernisse, die das Umsetzen verhinderten. Sensibilisierungsarbeit an der Gleichberechtigung war nur in wenigen gesellschaftspolitischen Bereichen vorhanden, so dass nach einigen Jahrzehnten viele Missstände sichtbar wurden und die Unzufriedenheit der emanzipierten Frauen sich immer mehr steigerte. In den 70er Jahren formierte sich schließlich die berühmte „68er-Bewegung“, der sich vor allem junge und liberale Menschen anschlossen. Im Rahmen der politischen Erneuerungen und Reformen kam es zur *Zweiten Frauenbewegung* (Neue Frauenbewegung), die sich als Freiheitsbewegung verstand. Daraus erstarkte der Diskurs über die Selbstbestimmung der Frauen über ihren eigenen Körper und über die gleichen Rechte und Gleichbehandlung am Arbeitsmarkt (gleiche Löhne und gleiche Karrierechancen) und in der Gesellschaft. Mit dem Schlagwort „Das Private ist politisch“ und durch Großveranstaltungen erregten emanzipierte Frauen das Interesse der breiten Massen. So wurden sowohl die Politik aber auch Frauen in akademischen Kreisen auf die Reformbedürftigkeit der Gleichberechtigungsgesetze aufmerksam gemacht.

Im Familienrecht war es Adelheid Popp, die einen Antrag auf Neuordnung des Geschlechterverhältnisses im

Familienrecht stellte. Das Engagement und die Bemühungen der Frauen aus der Zweiten Frauenbewegung führten schließlich zu einer Reformierung des Familienrechts in Österreich. Mit der „Großen Familienrechtsreform" schaffte man einen enormen Fortschritt im Bereich der Gleichberechtigung der Geschlechter. Das Recht des Mannes, als „das Haupt der Familie" zu agieren, wurde mit dem Reformgesetz BGBl 1975/412 aufgehoben. Damit wurde ein weiterer Meilenstein in der Judikatur der Gleichberechtigung gesetzt. Doch bald darauf zeigte sich, dass auch die formale Gleichstellung der Geschlechter die jahrhundertelange Diskriminierungstradition nicht überwinden konnte.

Die verkörperte Erinnerung, die sich auf kommunizierte Erfahrungen bezieht, binden den Menschen an eine geschlechtlich geprägte Vergangenheit, die das Recht, sich zu erinnern sowie die Vergangenheit im kulturellen Gedächtnis zu speichern, determiniert.

Im Machtverhältnis zwischen den Geschlechtern wurde den Männern auch für das Erinnern der universelle Vorrang zuerkannt, der auf einer geschlechtlichen Arbeitsteilung der biologischen und sozialen Produktion gründet. Die Frauen bekamen einen signifikant geringeren Anteil an der Erinnerung zugesprochen.

In der Folge hat sich historisch eine Erinnerung der Unterdrückung, der „symbolischen Gewalt" eingeprägt, die sich als Denkschema in der Traditionsgeschichte verfestigte und letztendlich zu einem gesellschaftlichen Konsens wurde, den zu überwinden Frauen bis heute nicht einfach fällt.

Sich erinnern können bedeutet, in der Lage zu sein, die eigene Vergangenheit abrufen und sie weitergeben zu können. Das „Ewig-Weibliche" zu erinnern, ohne die

Herrschaftsverhältnisse im kommunikativen und kulturellen Gedächtnis zu hinterfragen, bedeutet, die historischen, traditionellen Postulate des „Ewig-Weiblichen" sowie des „Ewig-Männlichen" in die Gegenwart und Zukunft zu übertragen. Gerade in disponiblen Traditionen und Mythen, die im Hier und Jetzt gedacht, gelebt und weiter tradiert werden, sind viele Strukturen symbolischer Gewalt vorhanden, die dazu dienen, die Herrschaftsverhältnisse des „Ewig-Männlichen" und des „Patriarchalen" zu erhalten. Diese Mechanismen der Unterdrückungen sind zu hinterfragen, um die Weitergabe der überholten, traditionellen Muster zu beleuchten. Wie bereits am Anfang erwähnt wurde, *zeugt das Nicht-Vorhandensein der weiblichen Narrative in der Geschichte von einem patriarchal geprägten kulturellen Gedächtnis oder Archiv, in dem es lediglich für die männlichen Träger der Narrative und Erinnerungen ausreichend Speicher gibt. Daher ist es notwendig, die Erinnerungen der Frauennarrative in der Gegenwart ins Bewusstsein zu rufen, damit eine gleichberechtigte Plattform oder ein zeitlicher Rahmen geschaffen wird, um die Gegenwart und die Zukunft gleichgestellt zu gestalten.*

Eine möglichst objektive und sachliche Herangehensweise an das Gedächtnis hilft, herauszufiltern, was im kommunikativen und kulturellen Kontext zum Ausschluss des Weiblichen führte, und die Erinnerungen wachzurufen. Gleichzeitig ist es wichtig, Narrative und Rituale zu postulieren, die dem weiblichen Geschlecht einen gleichberechtigten Raum im kulturellen Gedächtnis verschaffen, damit die Korrektive der Geschlechterrollen und -muster im Jetzt zugelassen werden können. So gelange ich zu meiner These in diesem Kapitel, dass ohne die Bewusstmachung von Unterdrückung und Gewalt in der

Tradition die bisher tradierten Geschlechtermuster und Unterdrückungsmechanismen am weiblichen Geschlecht im kulturellen Gedächtnis weiter tradiert werden.

Ausschluss der Frauen aus dem kulturellen Gedächtnis

Pierre Bourdieu (2016) stellt die Konstruktion des Weiblichen und des Männlichen, die in Relation zum anderen existieren, als eine Konstruktionsarbeit dar. Der sichtbare Unterschied zwischen dem weiblichen und dem männlichen Körper liegt in der androzentristischen Sicht des anders wahrgenommenen weiblichen Körpers:

> Nicht der Phallus (oder sein Fehlen) ist das Fundament dieser Weltsicht. Sondern diese Weltsicht, die der Einteilung in relationale Arten (genres), männlich und weiblich, gemäß organisiert ist, kann den zum Symbol der Männlichkeit, des genuin männlichen point d'honneur (nif), konstituierten Phallus und den Unterschied zwischen den biologischen Körpern zu objektiven Grundlagen des Unterschieds zwischen den Geschlechtern (sexes) im Sinne von Arten (genres) machen, die als zwei hierarchisierte soziale Wesenheiten konstruiert werden.[139]

Erst durch Unterscheidung des weiblichen und männlichen Körpers wird der jeweilige Habitus erzeugt. Die so geschaffene soziale Ordnung, die androzentristisch organisiert ist, prägt sich durch die Routine der Arbeitsteilung oder durch kollektive Rituale in die Körper ein. Dies impliziert ebenso, dass sich kollektive Rituale der Machtordnung zwischen den Geschlechtern durch Schaffung von Unterschieden ins kommunikative und kulturelle Gedächtnis eingeprägt haben. Bourdieu führt einige Beispiele an, die auf den Ausschluss der Frauen aus männlich dominierten Orten hinweisen:

> Sie schließen die Frauen von den edelsten Aufgaben aus (z. B. den Pflug führen), weisen ihnen die schlechteren Plätze zu (den Straßen- oder Böschungsrand), lehren sie eine geziemende Haltung (vor die achtbaren Männer mit gebeugtem Oberkörper und vor der Brust verschränkten Armen treten) und übertragen ihnen die mühevollen, niedrigen, schäbigen Aufgaben (den Mist karren und mit den Kindern bei der Ernte die Oliven auflesen, die der Mann mit einer Stange vom Baum schlägt). Dabei ziehen sie generell Nutzen aus den biologischen Unterschieden im Sinne grundlegender Voraussetzungen, die es dann so aussehen lassen, als ob diese biologischen Unterschiede den sozialen Unterschieden zugrunde lägen.[140]

Um die Machtverhältnisse zu postulieren und zu festigen, wurden und werden diese gemachten Unterschiede in Verhaltensweisen und Kleidervorschriften ritualisiert. Bourdieu zeigt dies am Beispiel der sogenannten „Ablösungsriten", die die Funktion haben, den „Jungen von der Mutter zu emanzipieren und seine fortschreitende Vermännlichung dadurch zu garantieren."[141] Da diese Ablösung vielen Kindern (in diesem Fall den Jungen) nicht leicht fällt, wird sie von der Gruppe, vom Kollektivum begleitet, die bei solchen Ritualen ausdrücklich auf die Geschlechtsidentität hinweist und den Bruch mit der mütterlichen (weiblichen) Welt symbolisiert. Dies wird durch einige ausdrücklich männlich konnotierte Rituale begleitet, wie Sport, Jagd, Haare schneiden oder Beschneidung. Auf diese Art und Weise wird versucht, die weiblichen Anteile zu „vertreiben" und eine klare Grenze zwischen der Mannwerdung und dem Nicht-Männlichen zu ziehen.

Auf der anderen Seite werden der Frau ihre „weiblichen" Merkmale gelehrt, die vorwiegend auf ihre Körperlichkeit abzielen. Dies zeigt Bourdieu, der in der Kabylei Beobachtungen und Forschung Kabylischer Familienstrukturen betrieben hat, in denen er auch Verhaltensformen und

Riten kabylischer Frauen unter die Lupe nimmt. Diese lernen durch entsprechende Kleidungsstücke, wie sie moralische Haltung einzunehmen haben. Sie lernen Gehorsam, ihre Haare zu knüpfen, das Gesicht zu zeigen oder nicht zu zeigen, die Blicke auf den Boden zu richten. Sie lernen, ihre Körper nach dem von ihnen verlangten Verhalten zu disziplinieren. Die Körperhaltungen, wie etwa sich beugen, sich erniedrigen, sich bücken, deuten auf entsprechende Fügsamkeit hin, die die kabylische Frau als angemessen empfindet. So wird das Postulieren der Geschlechterunterschiede durch die gesellschaftliche Legitimation verinnerlicht, verschriftlicht oder in die Kommunikation beziehungsweise Beziehung zwischen den Geschlechtern als „normal" einbezogen.

Die Verinnerlichung der gefügigen Haltung kabylischer Frauen gegenüber Männern bis in die Gegenwart weist auf die Gegenwärtigkeit und Präsenz traditioneller und patriarchaler Werte auch in anderen kulturellen Milieus hin. So findet man auch in Europa noch immer Verhaltensgebote für Frauen wie: lächeln, die Augen niederschlagen, Unterbrechungen dulden, die angemessenen Körperhaltungen einnehmen, wenig Platz beanspruchen et etera.[142]

Das androzentristische Postulat und die konstitutive Einteilung der Machtverhältnisse zwischen den Geschlechtern prägten allmählich zwei Geschlechteridentitäten. Die kollektive Identität oder „Wir"-Identität wird als patriarchales Bild einer Gruppe aufgebaut, mit dem sich nur das eine Geschlecht identifizieren kann – nämlich das männliche. Die Konstituierung der weiblichen Identität äußert sich als Negativ des Originals.

Das Bewusstsein sozialer Zugehörigkeit liegt auch in der Erinnerung beziehungsweise der Schaffung kollektiver Identität. Diese wiederum hängt von der Teilhabe an einem gemeinsamen Wissen und Gedächtnis ab, die durch das Sprechen einer gemeinsamen Sprache oder die Verwendung eines gemeinsamen Symbolsystems vermittelt werden. Denn es geht nicht nur um Wörter, Sätze und Texte, sondern auch um Riten, Tänze, Muster und Ornamente, Essen, Trachten. Alles kann zum Zeichen werden, um Gemeinsamkeit zu kodieren.

Für das weibliche Geschlecht heißt das eine Art des Arrangements: Solange die konstitutive Einteilung der Machtverhältnisse vom anderen Geschlecht akzeptiert und als „naturgegeben" verinnerlicht wird, so lange werden beide Geschlechter (und auch andere Geschlechteridentitäten) nach patriarchalem Prinzip in Frieden leben können.

Das bedeutet den Ausschluss aus der kollektiven Identität und innerhalb der gesellschaftlichen Ordnung, im kollektiven Gedächtnis und in der Tradition, eine Existenz des Weiblichen am Rande der Erinnerung. Nur dieser Rand der gemeinsamen Erinnerung kann geteilt werden. Dieses unreflektierte, tradierte Verhältnis der Geschlechter wird in Symbolen, Helden, Ritualen und Werten weitergegeben.

Die Umsetzung der Chancengleichheit aller Geschlechteridentitäten, der demokratischen Werte sowie der Menschen- und Frauenrechte werden verzögert. Wenn das weibliche Geschlecht in der Geschichte und Tradition zum Objekt der Unterdrückung wurde (siehe „traditionsbedingte Gewaltformen") und Tradition ein Bestandteil des kommunikativen und kulturellen Gedächtnisses ist, dann stellt die gegenwärtige Gedächtnisbildung, ohne das weibliche Geschlecht in das Geschehen einzubeziehen, weiterhin ein Reproduzieren der Segregation und der Unterdrückung dar.

Ohne die Bewusstmachung von Gewalt gegen Frauen in der Tradition werden die Unterdrückungsmechanismen am weiblichen Geschlecht im kulturellen Gedächtnis weiter tradiert.

Handlungsfelder und Gewaltprävention

Kultur der Gewaltlosigkeit und der Chancengleichheit

In der Allgemeinen Erklärung der Menschenrechte wird das Recht auf Leben, Freiheit, Gleichheit und Solidarität sowie das Verbot der Sklaverei, der Folter und vieles mehr verfasst. Darüber hinaus wird in Artikel 1 festgelegt, dass alle Menschen frei und gleich an Würde und Rechten geboren sind.[143] Eine Grundvoraussetzung des menschlichen Zusammenlebens ist die Verpflichtung auf eine Kultur der Gewaltlosigkeit und die Überzeugung und das Vertrauen, dass Konflikte und Probleme gewaltfrei gelöst werden können. Diese Verpflichtung haben nicht nur die einzelnen Bürger*innen, sondern auch die staatlichen Einrichtungen. Chancengleichheit ist eine wichtige Voraussetzung für ein gleichberechtigtes und gewaltfreies Zusammenleben: Menschen aller Geschlechteridentitäten soll die gleiche Chance auf Entwicklung frei von verfestigten Stereotypen und Rollen gewährleistet werden, unabhängig davon, welche kulturelle oder religiöse Provenienz sie haben. Trotzdem gibt es immer wieder unterschiedliche Vorstellungen von Werten und Normen, die an die nächste Generation übertragen werden. Oft ist es für Kinder und Jugendliche schwierig, aus den eingefahrenen Rollenzuschreibungen auszubrechen, denn die Erwartungshaltungen der Eltern oder Erziehungsberechtigten, die ihren Kindern bestimmte Männlichkeits- und Weiblichkeitsmuster vorleben, sind meistens sehr hoch. Das soziale Umfeld spielt hier eine ambivalente Rolle: Einerseits ist es ein vertrauter Rahmen, in dem sich Kinder häufig sicher und zugehörig fühlen, andererseits wird es manchmal zu einem engen Korsett, das für eine freie Entfaltung irgendwann einmal zu unbequem wird.

Wie bereits erläutert, sind Menschenrechte und Chancengleichheit sowie Gleichberechtigung Errungenschaften einer demokratischen Entwicklung in Europa, die auch dazu führte, dass das vereinte Europa seit 70 Jahren ohne Krieg existiert. Dies ist eine der längsten Epochen ohne Kriege in der jungen Geschichte Europas. Diese Tatsache verweist auf die gemeinsame Arbeit an Werten und Zielen bis hin zu dem Bedürfnis jedes Menschen, ein friedvolles und gewaltfreies Leben zu führen. Die bewährte Erfahrung der europäischen Vielfalt an Sprachen und Kulturen bestätigt die Versuche vieler gesellschaftspolitischer und wirtschaftlicher Akteur*innen, einen menschenwürdigen Weg zu gehen. Gerade dieser Weg lehrte viele Europäer*innen, dass kulturelle Eigenheiten, Traditionen oder eine Werterelativität keinen Anlass bieten dürfen, Menschenrechte und demokratische Errungenschaften zu verletzen. Auch die Religion und Tradition, die noch patriarchale Strukturen überliefern, dürfen die Menschenrechte nicht ablehnen.

Aus den vorherigen Kapiteln geht hervor, dass es innerhalb vieler ehrkultureller Milieus noch immer unterschiedliche Praktiken gibt, die auf der postulierten Ungleichheit der Geschlechter beruhen und für deren Nichteinhaltung diverse Gewaltmaßnahmen an Frauen und Mädchen ausgeübt werden.

Aus diesem Grund ist es notwendig, dass durch Wissensvermittlung, Reflexion und Dialog die Geschlechterunterschiede und Gewaltformen in eigenen kulturellen Milieus und Traditionen erkannt und als solche benannt werden. Über die Übertragung der Geschlechterstereotypen in der Familie oder Community und die Erwartungen der Eltern an ihre Kinder, traditionelle Geschlechtermuster zu übernehmen, wurde hier bereits berichtet. Eine der vulnerablen Gruppen sind Jugendliche, die zweierlei Maßstäbe oder unterschiedliche gesellschaftliche Resonanz erfahren. Viele Familien mit einem patriarchal geprägten Geschlechterbild vermitteln an ihre Kinder traditionell strukturierte kulturelle Codes und Werte, die aus Loyalitätsgründen auch verinnerlicht werden möchten. Andererseits werden in der Mehrheitsgesellschaft die Werte der Gleichstellung sowie der Chancengleichheit gelebt und gefordert. Eine solche Diskrepanz der Resonanzen und Wertecodes führen sehr oft zu ambivalenten Denkmustern und zu Desorientierung der Jugendlichen, die ihrem Alter entsprechend nach identitätsstiftenden Werten suchen.

Einer der Gründe für Gewaltpotenziale kann sein, dass der Druck auf die jungen Leute, sich für das eine oder das andere entscheiden zu müssen, sehr groß ist. Gewaltpotenziale und Geschlechterstereotypen reichen auf vielfältige Weise in die Schule hinein. Die Rolle der Schule und der Bildung ist in diesem Zusammenhang sehr wichtig.

Die öffentliche Schule soll einen neutralen Rahmen zur Verfügung stellen, in dem alle Kinder und Jugendlichen die sie betreffenden Themen in altersadäquater Weise im Sinne einer lebendigen Diskussions- und Streitkultur und frei von religiös oder kulturell begründeten Denkverboten diskutieren können. Dabei sollen alle Facetten von patriarchalen Rollennormierungen und geschlechterbezogenen Ungleichbehandlungen – egal, ob in der sogenannten Mehrheitsgesellschaft (z. B. Sexismus in der Werbung) oder in den sogenannten Minderheitencommunities (z. B. „ehrenhafte Verhaltensanforderungen" an Mädchen) – zur Sprache kommen können. Durch gemeinsame Erfahrungsräume soll Ausgrenzungs- und Abgrenzungsmechanismen entgegengewirkt werden.[144]

Das Unbehagen der Adoleszenz

Durch geeignete und präventive Maßnahmen im Bildungsbereich können die Gleichstellung der Geschlechter gefördert und kulturell tradierte Geschlechterstereotypen und Rollenzuweisungen abgebaut werden. Gerade die Arbeit mit Jugendlichen in der Adoleszenz eignet sich, um einen Wandel kultureller Formen anzuregen. Die frühkindliche Phase führt zur Anpassung an die stabile konservative Familienstruktur; die zweite Phase, die Pubertät, befähigt junge Menschen, am Wandel von Normen und Lebensbedingungen teilzunehmen. Der Psychoanalytiker Mario Erdheim sieht in dieser Phase die triebhaften „Es-Bewegungen", die sich auf die Gesellschaft übertragen und dort neue Kräfte erzeugen, die Institutionen nicht nur überliefern, sondern auch abschaffen und neu entwickeln können.

Der Triebdurchbruch der Pubertät lockert die davor im Rahmen der Familie gebildeten Ich- und Über-Ich-Strukturen und ermöglicht eine neue, nicht mehr bloß [sic!] auf die Herkunftsfamilie bezogene Neustrukturierung der Persönlichkeit.[145]

Solche Vorgänge in Jugendlichen verlaufen nicht klar und strukturiert. Die Unruhe und das Unbehagen der Adoleszenz dürfen nicht als kultureller Verfall missverstanden werden, sondern als Ressource, mithilfe derer die Heranwachsenden in der Lage sind, die Neugestaltung kultureller Formen herzustellen. Die Ablösung von traditionellen Familienstrukturen und Mustern verläuft nicht ohne essenzielle und existenzielle Ängste, die ernst zu nehmen sind. Die Familie scheint in diesem Alter ein Ort zu sein, den man verändern muss, damit alles passt. Indem sich Pubertierende im Kulturellen zu verwirklichen versuchen, müssen sie die bestehende familiäre Ordnung in Frage stellen. Das bedeutet, das einengende Potenzial zu identifizieren, um dem neuen Identitätsschub Freiraum zu schaffen. Gerade in diesem Alter sind Jugendliche in der Lage, auch die bestehenden patriarchalen Tendenzen und Gewaltstrukturen im Umfeld zu erkennen, wenn ihnen Strategien zur Erkennung von Gewalt zur Verfügung stehen.

Die Adoleszenz ist nicht nur die Triebdurchbruchphase, sondern auch eine Phase der Identitätssuche, die Unsicherheiten und Ambivalenzen mit sich bringt, die als solche den jungen Menschen viel Energie rauben. Wenn in dieser Phase die Familie den Triebdurchbruch nicht anerkennt und die familiären Fesseln noch strenger anlegt, kann es bei Jugendlichen zu Aggressionen oder Depressionen kommen. Einerseits sollen junge Menschen die Hauptbestrebungen des Kulturellen, nämlich das Bedürfnis, sich dem kulturellen Geschehen zu öffnen, wahrnehmen, um möglichst viele gegenseitige Resonanz zu erfahren. Andererseits tendiert das kollektivistische Element in patriarchal organisierten Familien dazu, das Individuum nicht freizugeben.

Je enger der Zusammenhalt zwischen Familie und Individuum ist, desto schwieriger wird es für das Individuum, sich in der Adoleszenz abzulösen, um sich frei zu entwickeln.

Freud spricht von der „Zweizeitigkeit“ der sexuellen Entwicklung der Menschen[146]. Die erste Phase umfasst die Kindheit bis ins fünfte und sechste Lebensjahr. Das Kind passt sich an seine familiäre Umgebung bis zum Beginn der Pubertät an und festigt die gebildeten Strukturen. Der Beginn der Pubertät stellt die vorher gefestigten Normen und Regeln in Frage und schafft damit die Voraussetzung für eine Neustrukturierung der Persönlichkeit. In Bezug auf die kollektivistisch organisierte Familie könnte man behaupten, dass hier in der Kindheit alle Voraussetzungen für die patriarchal organisierten Normen gefestigt werden. Mädchen lernen das, was man ihnen in der Familie als „weiblich“ vorlebt und übernehmen Konstrukte der Weiblichkeit. Sie lernen Verhaltensweisen, die dem kollektivistischen Denkmuster entsprechen und beugen sich so weiterhin den patriarchalen Familienstrukturen. Jungen lernen ebenfalls, die patriarchalen Muster zu übernehmen und die dazugehörigen Machtrollen einzuüben.

In der Adoleszenz könnten diese Muster in Frage gestellt werden. Je stärker die familiären Bestrebungen sind, sich von anderen abzugrenzen, desto schwieriger wird es für die Jugendlichen, in den größeren kulturellen Lebenskreis hineinzukommen. Die kindlichen Anteile (die gefestigte Kindheitsstruktur) wehren sich dagegen, von den neu erworbenen Anteilen abgelöst zu werden.

Das ist ein schwieriger transformativer Prozess, der der gesellschaftlichen Unterstützung bedarf. Solche Unterstützung kann ein Raum sein, in dem neue Denkmuster und identitätsstiftende Entwicklungspotenziale oder neue Riten entstehen. Daraus kann man schließen, dass „die Adoleszenz eine der Voraussetzungen dafür ist, dass der Mensch Geschichte macht und die überkommenden Institutionen nicht nur überliefert, sondern auch ändert.“[147]

Die Bedeutung des Bildungssystems „Schule“ zeichnet sich darin ab, dass die Schule keine neue Familie darstellen will, sondern einen Raum, wo Jugendliche die eigenen Produktivkräfte einsetzen können und wo neue Bindungsformen entstehen, die nicht zum familiären System gehören. Schule muss so gestaltet werden, dass die Risikofaktoren für Gewaltverhalten an Einfluss verlieren. Dazu braucht das Lehrpersonal auch die passenden Instrumente, um die Entstehung von Gewalt und Gewaltpotenzialen im Ansatz zu erkennen. In den vorherigen Kapiteln wurde bereits beschrieben, dass ehrkulturelle Milieus einen fruchtbaren Boden für patriarchale Denkmuster und Geschlechtersegregation bieten sowie ihre Übertragung an die nächsten Generationen fortsetzen.

Handlungsfelder im schulischen Bereich

An dieser Stelle möchte ich zwei bedeutsame Handlungsfelder hervorheben, in denen präventiv gegen eine Entstehung von Gewaltpotenzialen bei Jugendlichen aus Ehrkulturen gearbeitet werden kann:

a) Seminare für Lehrende sowie eine Sensibilisierung zum Erkennen von geschlechtsspezifischen und traditionsbedingten Gewaltformen und entsprechende Handlungsanweisungen und

b) Angebote und Projekte der Präventionsarbeit, die gemeinsam mit Schulen umgesetzt werden können.

Die Seminare und Fortbildungen basierend auf dem neuen Grundsatzerlass Reflexive Geschlechterpädagogik und Gleichstellung[148] sollen dazu beitragen, einen professionellen und reflektierten Umgang mit der Dimension des Geschlechts in der von heterogenen Lebenswelten geprägten Schule zu entwickeln, und zwar auf Grundlage des verfassungsmäßig verankerten Gleichstellungs- und Antidiskriminierungsauftrags.

Staatliche Einrichtungen sind demnach verpflichtet, durch geeignete und präventive Maßnahmen auch im Bildungsbereich die Gleichstellung der Geschlechter zu fördern, insbesondere auch durch den Abbau von kulturell tradierten Geschlechterstereotypen und patriarchalen Rollenzuweisungen. Dabei sollen alle Facetten von patriarchalen Rollennormierungen und geschlechterbezogenen Ungleichbehandlungen – egal, ob in der sogenannten Mehrheitsgesellschaft (zum Beispiel Sexismus in der Werbung) oder in den sogenannten Minderheitencommunities (zum Beispiel „ehrenhafte Verhaltensanforderungen" an Mädchen) – zur Sprache kommen können. Durch gemeinsame Erfahrungsräume soll Ausgrenzungs- und Abgrenzungsmechanismen entgegengewirkt werden.

Um diesem Unterrichtsprinzip gerecht zu werden und sich aktiv mit dem Thema „Kulturell tradierte Geschlechterstereotype und patriarchale Rollenzuweisungen in den Schulen und Ausbildungsstätten" auseinanderzusetzen, können Seminare und Fortbildungsprogramme mit den folgenden Zielen angeboten werden:

– Den Auszubildenden wird ein Einblick ins theoretische und praktische Feld der unterschiedlichen kulturellen Dimensionen und tradierten Geschlechterstereotypen

angeboten, um ihre Auswirkungen auf die konfliktbeladenen Potenziale bei Jugendlichen erkennen sowie diesen präventiv entgegenwirken zu können.
– Vorurteile werden abgebaut und individuelle Handlungsspielräume durch die Auseinandersetzung mit Gemeinsamkeiten erweitert werden.
– Geschlechterstereotype Zuweisungen und Festschreibungen werden überwunden.
– Vorurteile gegenüber Buben beziehungsweise jungen Männern, die sich für Ausbildungen im Erziehungs- und Gesundheitsbereich interessieren, werden abgebaut.
– Vorhandene Potentiale von Mädchen werden besser aktiviert.
– Ein differenziertes Denken jenseits polarer, verengter Geschlechterbilder wird entwickelt, womit präventiv gegen Homophobie gewirkt wird.
– Geschlechtersegregationen in Bildung, Arbeitswelt und Gesellschaft wird minimiert und damit werden die Lebens- und Berufsperspektiven sowie Teilhabechancen der jungen Menschen verbessert.

In der Präventionsarbeit mit Jugendlichen, die sich mit der Thematik „Geschlechterspezifische und traditionsbedingte Gewaltformen erkennen und benennen" sowie mit Gewalt im Namen der Ehre auseinandersetzt, möchte ich das HEROES-Konzept hervorheben, das sich der Peer-to-Peer-Methode bedient und gegen traditionsbedingte Gewaltformen wirkt, indem es Vorbilder erzeugt. Es kann erfolgreich in Schulworkshops umgesetzt werden.

HEROES® arbeitet präventiv mit jungen Männern aus ehrkulturellen Milieus, die sich in der Steiermark für ein gleichberechtigtes Zusammenleben der Geschlechter einsetzen. Ziel ist ein partnerschaftliches, gleichstellungsorientiertes und gewaltfreies Geschlechter- und Generationenverhältnis auf Basis der Menschenrechte. Mittels theaterpädagogischer Methoden setzen sich Burschen mit patriarchalen Geschlechterverhältnissen und Ehrvorstellungen auseinander.

Dieser Reflexions- und Selbsterfahrungsprozess wird von zwei Gruppenleitern, den „großen Brüdern", sozialpädagogisch begleitet. Nach einer intensiven Trainingsphase gestalten die jungen Männer als Heroes selbst Peer-Workshops für Jugendliche zu den Themen „Ehre", Menschenrechte, Gewaltfreiheit, Identität und Geschlechterrollen.

Das Projekt „HEROES – gegen Gewalt im Namen der Ehre" gibt es in der Steiermark seit 2017[149], finanziert vom Land Steiermark, der Stadt Graz und des Bundesministeriums Europa, Integration und Äußeres (BMEIA), angesiedelt beim Verein „Männer- und Geschlechterthemen". Es bietet männlichen Jugendlichen aus sogenannten Ehrkulturen zwischen 15 und 19 Jahren ein Training (mit Elementen der Theaterpädagogik) an, mit dem Ziel, später an Schulen und in Jugendzentren zu gehen, um mit den Schüler*innen die Themen Geschlechterrollen, Selbstbestimmung und Generationenkonflikte im Kontext von Ehrvorstellungen („Generation Haram") zu diskutieren. Eine erfolgreiche Arbeit für Gleichberechtigung impliziert auch die Einbeziehung der Männer. Ohne eine Veränderungsarbeit, die Männer einschließt und ihnen die Möglichkeit gibt, traditionelle Geschlechterrollen in Frage zu stellen, gibt es keine Aussicht auf eine nachhaltige gesellschaftliche Veränderung.

Das Ziel ist eine Gesellschaft, in der Frauen und Männer beziehungsweise alle Geschlechter gleiche Rechte und gleiche Chancen haben. In der Arbeit mit den Heroes geht es darum, einschränkende, ausgrenzende und gewalttätige Anteile in Milieus mit verwurzelten „Ehrvorschriften" zu reflektieren und abzulehnen, ohne diese Entscheidungen zu einem „Kulturkampf" zu stilisieren. Es geht nicht um Anpassung, sondern um einen Weg zu einem gleichwürdigen Zusammenleben, um Inklusion – unabhängig von Geschlecht, kulturellem Hintergrund, religiöser Zugehörigkeit oder sexueller Orientierung. Es handelt sich um einen Prozess, an dem viele Jugendliche und Multiplikator*innen beteiligt sind, die als Vorbilder in diesem Sinne dienen und die Idee von Menschen- und Frauenrechten gewährleisten und mittragen. Jugendliche werden damit ermächtigt, geschlechts- und traditionsspezifische Gewaltformen zu erkennen und zu benennen, um ihnen entgegenzuwirken.

Die Ziele dieser Maßnahme sind:

– (Junge) Männer treten gegen die Unterdrückung von Frauen im „Namen der Ehre" auf und arbeiten in Form von theaterpädagogischen Workshops mit gleichaltrigen Jugendlichen zu diesen Themenstellungen.
– (Junge) Männer entziehen sich damit Gruppenzwängen, entwickeln individuelle freie Lebensentwürfe und wirken als Vorbilder/Multiplikatoren in ihrem sozialen Umfeld (Familie, Community).
– Sie erhalten dafür fachliche und öffentliche Unterstützung und einen geschützten Raum und erreichen einen „Imagewechsel". Das Projekt trägt zur Gewaltprävention bei und unterstützt die Gleichstellung von

Frauen und Männern, den Abbau von Geschlechterstereotypen sowie die Umsetzung von Menschenrechten und Frauenrechten.
– Ohne eine Veränderungsarbeit, die Männer einschließt und ihnen die Möglichkeit gibt, traditionelle Geschlechterrollen in Frage zu stellen, gibt es keine Chance für eine nachhaltige gesellschaftliche Veränderung.
– Eine Gesellschaft, in der Frauen und Männer beziehungsweise alle Geschlechter gleiche Rechte und gleiche Möglichkeiten haben.
– Eine präventive Arbeit mit jungen Menschen gestalten und weiterführen; Chancengleichheit fördern.

HEROES Steiermark stellt einen konkreten, nachhaltigen Beitrag zur Umsetzung von Menschenrechten und Kinderrechten dar. Jugendliche werden als Heroes/Multiplikator*innen ausgebildet, die dann im nächsten Schritt Peer-to-Peer-Workshops in Schulen, Jugendeinrichtungen und Ausbildungsstätten gestalten. Durch diese Workshops werden Jugendliche aller Geschlechter erreicht, außerdem Multiplikator*innen/Expert*innen und die gesamte Öffentlichkeit.

Besonderheiten an diesem Präventionsangebot stellen folgende Elemente dar:

– Das Peer-to-Peer-Prinzip, wodurch Kommunikation auf Augenhöhe stattfindet. Junge Männer stellen ihre eigene Geschichte zur Verfügung, Impulse können von den Jugendlichen deshalb eher angenommen werden.
– Die Arbeit mit theaterpädagogischen Methoden. Dadurch werden Themen und Situationen aus dem Alltag unmittelbar erlebbar und besser besprechbar.

– Das Vorleben von Gleichstellung und Diversität Kooperation von Frauenarbeit und Männerarbeit und damit gelebte Integration verschiedener Perspektiven.
– Vorbilder: Junge Männer mit Migrations- und Fluchtgeschichte in neuen, positiven Rollen.

Heldinnen, mein Leben in meiner Hand

Dem aus Deutschland kommenden und dort in vielen Städten umgesetzten Konzept des Burschenprojekts von HEROES folgend, das es in Österreich bisher nur in Salzburg und Graz gibt, wird ein weibliches Pendant dazu geschaffen: Die *Heldinnen*; ein Präventionsangebot für Mädchen.[150]

Mädchen und junge Frauen mit Migrationshintergrund werden in einem mehrmonatigen Ausbildungsprozess, der durch zwei Gruppenleiterinnen sehr intensiv begleitet wird, auf die Führung der Schulworkshops vorbereitet. Die Gruppentreffen der Heldinnen sind für eine erfolgreiche Umsetzung unbedingt notwendig und ermöglichen eine Beziehungsarbeit auf hohem Niveau. Nach erfolgter Zertifizierung werden Gleichaltrige mittels Peer-to-Peer-Methode im Rahmen von Workshops in Schulen, Jugendzentren und so weiter für Unterdrückungsmechanismen in den eigenen Familien und Communities sensibilisiert.

Häufig fühlen sich junge Mädchen diskriminiert und unterdrückt, doch das Wissen, wie man solche Situationen bewältigt oder die traditionellen Generationskonflikte löst, ist bei den Kindern und Jugendlichen wenig oder kaum vorhanden. Daher ist diese Präventionsarbeit eine wichtige Säule, die gegen traditionsbedingte Gewaltformen ansetzt.

Mit Hilfe der oben angeführten Fachpersonen werden Mädchen ermächtigt, eine klare Stellung zu beziehen und zu erklären, dass solche Handlungen nichts mit Ehre zu tun haben. Kategorien wie Ehre, Schande, Scham, aufgrund welcher Frauen unterdrückt werden, sind nicht durch Kultur, Herkunft, Bräuche und Religion zu rechtfertigen, sondern müssen als eindeutige Gewalt an Mädchen und Frauen betrachtet und somit als Strafdelikte eingestuft werden. Traditionsbedingte Gewaltformen sind ein Produkt archaischer, immer noch hochgehaltener Traditionen.

Durch die Umsetzung dieser Sensibilisierungsarbeit mittels der Peer-to-Peer-Methode durch Mädchen, die selbst einen Migrationshintergrund haben, wird hier eine sehr hohe Glaubwürdigkeit erreicht und die Heldinnen fungieren als *role models*, was die Erfolgsaussichten deutlich erhöht.

Kernleistung der Heldinnen

Das Projekt *Heldinnen* richtet sich an Mädchen und junge Frauen mit Migrationshintergrund, die nach einer sechsmonatigen Ausbildung und regelmäßigen Treffen ermächtigt sind, Workshops in Schulen, Jugendzentren und anderen Einrichtungen durchzuführen. Dabei wird der Fokus auf sogenannte Brennpunktschulen mit hohem Migrationsanteil gelegt, damit die *Heldinnen* ihre Expertise zu gewaltaffinen Strukturen in Ehrkulturen direkt an betroffene Mädchen richten können. Da aber, wie eingangs schon ausgeführt, Gewalt gegen Frauen ein durchaus gesamtgesellschaftliches Problem darstellt, sind die *Heldinnen* über diesen Schwerpunkt hinausgehend als Angebot an alle Jugendlichen zu verstehen, um möglichst präventiv und flächendeckend das Thema der Gewalt gegen Frauen aufzugreifen. Demnach sind als Zielgruppen der *Heldinnen* schwerpunktmäßig Altersgenossinnen zu nennen, die eine ähnliche Biographie mit Migrationshintergrund aufweisen. Darüber hinaus sind jedoch alle Mädchen im jugendlichen Alter als Zielgruppe zu betrachten. Durch die strategische Partnerschaft mit dem einzigen Grazer Mädchenzentrum JA.M ist hier eine gute Erreichbarkeit der Zielgruppe zur Bildung der Gruppe der *Heldinnen* gewährleistet. Gerade Mädchen aus Ehrkulturen dürfen nicht in gemischte Jungendzentren gehen, sind aber vermehrt im burschenfreien, geschützten Rahmen des JA.M zu finden.[151]

Die Ziele des Projektes „Heldinnen. Mein Leben in meiner Hand“:

– Die Bewusstmachung über traditionsbedingte Gewaltformen bei Jugendlichen und jüngeren Generationen, die ihren Lebensmittelpunkt in Österreich haben und die Befähigung, Gewaltformen entgegenzuwirken.
– Auf sachlicher Ebene möglichst präventiv breite Aufklärung betreiben und damit mittelfristig zu einer Verbesserung der Lebenssituation der Mädchen und Frauen beitragen.
– Unterrichtskonforme Methoden und Skills aufbereiten, um traditionelle Geschlechterrollen und -zuschreibungen zu hinterfragen sowie Generationskonflikte zu reflektieren.
– Präventionsarbeit als eine wichtige Säule, die gegen traditionsbedingte Gewaltformen ansetzt.

Mädchen werden ermächtigt, Gewaltformen in erster Linie zu erkennen und zu benennen, eine klare Stellung zu beziehen und zu erklären, dass solche Handlungen nichts mit Ehre zu tun haben.[15]

Soziale Bedienungsanleitung

Kinder und Jugendliche brauchen Bindungen und Beziehungen, um sich am Beginn ihres Lebens orientieren zu können. Die Aufgabe der Lehrenden oder der Bezugspersonen liegt darin, Jugendlichen eine Orientierungshilfe zu bieten. Dafür brauchen sie klare Regeln, die sie vorerst nicht kennen, weil sie sich in der Phase des Heranwachsens befinden. Joachim Bauer spricht in diesem Zusammenhang von einer „sozialen Bedienungsanleitung".[153]

Viele Jugendliche stehen vor einer innerlichen Zerrissenheit und geraten unter Druck, sich entweder für die elterliche, familiäre Welt oder die außerfamiliäre Welt der Mehrheitsgesellschaft entscheiden zu müssen. Wenn sie dem Kodex ihrer Communities nicht folgen, dann fühlen sie sich wie Verräter, wenn sie sich von der Mehrheitsgesellschaft abwenden, kommen sie sich wie Versager vor.

Daher sind Angebote wie die Projekte HEROES und *Heldinnen* ein hilfreiches Instrumentarium, sich über die Themen auszutauschen und gleichzeitig zu lernen, sich anderen Kulturen und Menschen zu öffnen. Parallel dazu werden alternative, gewaltfreie Denkansätze und Verhaltensformen angeboten, um gemeinsame Regeln erlernen zu können, sowie Defizite oder Gewaltpotenziale in eigenen Kulturkreisen zu erkennen. Durch Gespräche und Bewusstwerdung bezüglich Unterdrückungsmechanismen können sie sich anvertrauen und Hilfe suchen. Sie lernen, die Anderen zu sehen und zu beachten, gemeinsame Aufmerksamkeit zu teilen, gemeinsames Handeln einzuüben und sich um ein Verständnis der Anderen zu bemühen.

Daher wird im Projekt HEROES oft über den „dritten Raum" gesprochen, wo ihnen vorgelebt wird, dass auch Gruppenleiter oder „große Brüder" diverse Herausforderungen im Leben zu bewältigen hatten, sich aber mit ihnen auseinandersetzten und diese überwanden, indem sie in Gesprächen mit Gleichaltrigen Strategien für einen Umgang damit entwickelten. Solche Erfolge bei Jugendlichen können schwer durch Vorschriften und Anordnungen erreicht werden.

Demzufolge wäre der erste Schritt in der Präventionsarbeit, den Jugendlichen klare Botschaften und Gebote zu vermitteln und eine Beziehungsarbeit anzubieten, in der es zu einem persönlichen Kontakt kommt. Weiter ist es notwendig, mit anderen kulturellen Milieus in einen Dialog zu treten, vor allem mit den Eltern- und Großelterngenerationen, damit eine Bewusstmachung über geschlechtssegregierende Ursachen und traditionsbedingte Gewaltstrukturen in den eigenen Kreisen geschaffen werden kann. Ein Wissen, wie solche Konflikte zu lösen sind, ist kaum vorhanden.

Eine gelungene Sensibilisierungsarbeit setzt eine objektive Betrachtung der Sachlage voraus, ohne kulturelle Eigenschaften der Anderen zu bewerten oder abzuwerten.

Eine positive Begegnung in Vielfalt bringt sehr viele Vorteile, bereichernde Kontexte und neue kulturelle Resonanzen für Menschen mit. Dafür muss ein Rahmen geschaffen werden, in dem solche positiven Werte weitergeben und vorgelebt werden und man sich gemeinsam progressiv entwickeln kann.

Anmerkungen

1 Geert HOFSTEDE, Jan Gert HOFSTEDE, Michael MINKOV, *Lokales Denken, globales Handeln*, Position 322.
2 Ebenda.
3 Alexander THOMAS, Astrid UTLER 2013, „Kultur, Kulturdimensionen und Kulturstandards", 42.
4 Ebenda.
5 Vgl. Joachim BAUER, *Wie wir werden, wer wir sind*, 174.
6 Ebenda.
7 Ebenda, 177.
8 Ebenda, 179.
9 Ebenda, 180.
10 Geert HOFSTEDE, Jan Gert HOFSTEDE, Michael MINKOV, *Lokales Denken, globales Handeln*, Position 2480–2482.
11 Ebenda, vgl. Position 2835–2841.
12 Ebenda.
13 Vgl. Daniel HAUN, Martin WERTENBRUCH, „Forschungen und Entwicklungen zum Konzept der Ehre als Potenzial für Konflikte zwischen Kulturen", 9.
14 Geert HOFSTEDE, Jan Gert HOFSTEDE, Michael MINKOV, *Lokales Denken, globales Handeln*: Position 3560.
15 Ebenda, Position 3884.
16 Vgl. Pierre BOURDIEU, *Die männliche Herrschaft*, 15.
17 Ebenda, 35.
18 Ebenda, 21.
19 Ebenda, 23.
20 Ebenda, 46.
21 Vgl. Daniel HAUN, Martin WERTENBRUCH, „Forschungen und Entwicklungen zum Konzept der Ehre als Potenzial für Konflikte zwischen Kulturen", 9.
22 Pierre BOURDIEU, *Die männliche Herrschaft*, 93.
23 Ebenda, 79.

24 Ebenda, 92.
25 Ebenda, 96.
26 Andreas ERNST, „Balkan-Machos und Frauen-Power" https://www.nzz.ch/balkan-machos-und-frauen-power-1.17722749 [zuletzt abgerufen am 26.02.2021].
27 Karl KASER, *Freundschaft und Feindschaft auf dem Balkan*, 104 f.
28 Ebenda, 107–109.
29 Karl KASER, *Macht und Erbe*, 27.
30 Ebenda, 30.
31 Ebenda, 96.
32 https://www.harmonius.org/sr/pravni-izvori/jugoistocna-evropa/javno-pravo/srbija/Dusanov_zakonik.pdf [zuletzt abgerufen am 03.10.2019].
33 Paul STIRLING, *Turkish Village*, New York 1965, 36–41, nach Karl KASER, *Macht und Erbe*, 134.
34 KASER, *Macht und Erbe*, 186.
35 Ebenda, 188.
36 Vgl. KASER, *Freundschaft und Feindschaft auf dem Balkan*, 93.
37 *Narodne pjesme* (Volkslieder).
38 Vgl. Borisav STANKOVIĆ, *Hadschi Gajka verheiratet sein Mädchen*.
39 Vgl. KASER, *Macht und Erbe*, 200.
40 Vgl. KASER, *Freundschaft und Feindschaft auf dem Balkan*, 93.
41 Vgl. KASER, *Macht und Erbe*, 200.
42 Vgl. Geert HOFSTEDE Jan Gert HOFSTEDE, Michael MINKOV, *Lokales Denken, globales Handeln*, 872.
43 Vgl. Daniel HAUN, Martin WERTENBRUCH, *Forschungen und Entwicklungen zum Konzept der Ehre als Potenzial für Konflikte zwischen Kulturen*, 12.
44 Pierre BOURDIEU, *Die männliche Herrschaft*, 165.
45 Daniel HAUN, Martin WERTENBRUCH, *Forschungen und Entwicklung zum Konzept der Ehre als Potenzial für Konflikte zwischen Kulturen*, 9.
46 Pierre Bourdieu spricht in seinen Untersuchungen in der Kabylei von mediterranen Gesellschaften und benennt diese: Griechenland, Italien, Spanien, Ägypten, die Türkei und Kabylei. Vgl.: Pierre BOURDIEU, *Die männliche Herrschaft*, 15.
47 TERRE DES FEMMES, „Gewalt im Namen der Ehre": [zuletzt abgerufen am 26.02.2021].

48 Vgl. Christina KRAKER-KÖLBL, *Gewalt im Namen der Ehre und Zwangsheirat in Österreich*, 67.

49 TERRE DES FEMMES, „Zwangsverheiratung: Eine Form von Gewalt im Namen der Ehre": https://www.zwangsheirat.de/index.php/informationen/zwangsheirat [zuletzt abgerufen am 01.12.2019].

50 Christina KRAKER-KÖLBL, *Gewalt im Namen der Ehre und Zwangsheirat in Österreich*, 69.

51 Vgl. TERRE DES FEMMES: https://www.frauenrechte.de/unsere-arbeit/themen/gewalt-im-namen-der-ehre/168-was-ist-zwangsheirat [zuletzt abgerufen am 23.03.2021].

52 Vgl. Emina SARIC, „Frauenspezifische Fluchtgründe und ihre Auswirkungen auf die rechtliche und soziale Lebenssituation der Migrantinnen mit den Schwerpunkten Genitalverstümmelung, Zwangsverheiratung und Frauenhandel", 45.

53 Vgl. Fabian GOLDMANN, „Fünf Fakten über Ehrenmorde": https://www.gwi-boell.de/de/2018/11/01/fuenf-fakten-ueber-ehrenmorde [zuletzt abgerufen am 23.03.2021].

54 Ursula MIHCIYAZGAN, nach: Fabian GOLDMANN, „Fünf Fakten über Ehrenmorde": https://www.gwi-boell.de/de/2018/11/01/fuenf-fakten-ueber-ehrenmorde [zuletzt abgerufen am 23.03.21].

55 Vgl. Christine SCHIRRMACHER, „Ehrenmorde unter Berücksichtigung rechtlicher, soziologischer, kultureller und religiöser Aspekte": https://www.igfm.de/ehrenmorde-zwischen-migration-und-tradition/ [zuletzt abgerufen am 23.03.2021].

56 Ebenda.

57 Miljenko JERGOVIĆ, *Vater*, 14.

58 Titel der serbischen Originalausgabe: *Necista krv*.

59 Borisav STANKOVIĆ, *Hadschi Gajka verheiratet sein Mädchen*, 91.

60 Ebenda, 94.

61 Die Band „Bijelo Dugme" besingt das letztere: „Lažeš Lazes zlato, lazes duso, lazes vjestice lazes tvojim slatkim jezikom kurve svetice" („Du lügst, mein Schatz, du lügst Hexe, du lügst mit deiner süßen Zunge einer heiligen Hure"): https://tekstovi.net/2,33,499.html [zuletzt abgerufen am 26.02.2021].

62 Dervis SUŠIĆ, *Pobune. Izabrana djela*, 81 [Übersetzung E. S.].

63 Vgl. TERRE DES FEMMES: https://www.frauenrechte.de

64 Vgl. Emina SARIC, „Frauenspezifische Fluchtgründe", 25.

65 Vgl. Corinna MILBORN, „Weibliche Genitalverstümmelung in Europa, 114–130.

66 Hadith (arabisch): Überlieferte Nachrichten, Reden, Berichte des islamischen Propheten Mohammed.

67 Petra SCHNÜLL, „Weibliche Genitalverstümmelung in Afrika“, 27.

68 Lev 24,6.

69 Dtn 22,13.

70 Dtn 21,21.

71 Peters RUUD, Todesstrafe Steinigung, vgl. Sure 24, Vers 2.

72 Vgl. Mathias ROHE, *Das islamische Recht*, 38.

73 Vgl. Internationale Gesellschaft für Menschenrechte: https://www.igfm.de/thema-steinigung-ueberblick/ [zuletzt abgerufen am 27.04.2021].

74 Joh 7,53; 8,11.

75 Vgl. Internationale Gesellschaft für Menschenrechte: https://www.igfm.de/thema-steinigung-ueberblick/ [zuletzt abgerufen am 27.04.2021].

76 Ebenda.

77 Vgl. Ines BURCKHARD, „Kein anderer Mann soll sie heiraten“, in: *Terre des Femmes*, 3/2006: https://www.frauenrechte.de/images/downloads/zeitschriften/zeitschrift-3-06/saeureattentate.pdf [zuletzt abgerufen am 27.04.2021].

78 http://www.acidsurvivors.org/ [zuletzt abgerufen am 27.04.2021].

79 Vgl. Ines BURCKHARD, „Kein anderer Mann soll sie heiraten“.

80 Vgl. TERRE DES FEMMES, „Brustbügeln – eine wenig bekannte harmful practice“. https://www.frauenrechte.de/unsere-arbeit/themen/weibliche-genitalverstuemmelung/aktuelles/archiv/2043-brustbuegeln-eine-wenig-bekannte-harmful-practice [zuletzt abgerufen am 26.02.2021].

81 Vgl. Anne Mireille NZOUANKEU, Carola FRENTZEN, „Die traumatische Prozedur des Brustbügelns“.

82 Vgl. AMNESTY INTERNATIONAL, „Die Freiheit, sich zu kleiden. Kleidervorschriften und Frauenrechte“, 2011.

83 Vgl. Mouhanad KHORCHIDE, Haci-Halil USLUCAN, „Gutachten zur Frage des Kopftuchtragens von Mädchen unter 14 Jahren“.

84 Vgl. Lisa NIMMERVOLL, „Emina Saric über das Kopftuch: Ein Feldzug gegen den Frauenkörper“.

85 Fatema MERNISSI, *Die Angst vor der Moderne*, 215.

86 Ebenda, vgl. Abd-al-Hakim MOHAMMAD, *Al-Qadi al Libas wa'zzina, As-sunna al mutahhara*, zitiert nach Fatema MERNISSI, *Die Angst vor der Moderne*, 216.
87 https://www.dw.com [zuletzt abgerufen am 27.04.2021].
88 https://www.uwonet.or.ug/ [zuletzt abgerufen am 27.04.2021].
89 Daniel HAUN, Martin WERTENBRUCH, „Forschungen und Entwicklung zum Konzept der Ehre als Potenzial für Konflikte zwischen Kulturen", 7.
90 Vgl. Stephan MARKS, „Scham und Ehre" in: *Wissenschaft & Frieden*, 3/2008, Religion als Konfliktfaktor: https://www.wissenschaft-und-frieden.de/seite.php?artikelID=1486 [zuletzt abgerufen am 23.02.2021].
91 Lucien FEBVRE, *Honneur et Patrie*, 31.
92 Vgl. Ursula MÄHNER-EHRIG, „Eine Frage der Ehre", 2.
93 Vgl. Joachim BAUER, *Schmerzgrenze*, 110.
94 Gen 2,25.
95 Gen 3,912.
96 Gen 3,22.
97 Vgl. Ute FREVERT, *Vergängliche Gefühle*, 18 f.
98 Theodor FONTANE, *Effi Briest, Frau Jenny Treibel*, 210.
99 Vgl. Europäische Anti-Duell-Liga: https://de.wikipedia.org/wiki/Duell [zuletzt abgerufen am 27.04.2021].
100 Vgl. Ursula MÄHNER-EHRIG, „Eine Frage der Ehre", 19.
101 Vgl. Norbert ELIAS, *Studie über die Deutschen*, 61 f.
102 Vgl. Ursula MÄHNER-EHRIG, „Eine Frage der Ehre", 20.
103 Vgl. Ute FREVERT, *Vergängliche Gefühle*, 18 f.
104 https://www.duden.de/rechtschreibung/Scham [zuletzt abgerufen am 27.04.2021].
105 Vgl. Ute FREVERT, *Vergängliche Gefühle*, 20–24.
106 Vgl. ebenda, 75.
107 Ebenda, 76.
108 Vgl. ebenda, 78.
109 Vgl. Ahmet TOPRAK, Aladin EL-MAAFALANI, *Muslimische Kinder und Jugendliche in Deutschland*, 44.
110 Ebenda, 96.
111 Frauenberatungsstelle Divan, Graz 2010–2018: https://www.caritas-steiermark.at/hilfe-angebote/flucht-integration/beratung-hilfe/divan/ [zuletzt abgerufen am 14.05.2021].
Projekt HEROES Steiermark, Graz 2017–2020: https://vmg-steiermark.at/de/empfehlung/heroesr-steiermark-gegen-

unterdrueckung-im-namen-der-ehre [zuletzt abgerufen am 14.05.2021].

112 Vgl. Lioba WERT, Jennifer MAYER, *Sozialpsychologie*, 465.

113 Ein 25-jähriger Einheimischer tötete am 06.10.2019 in Kitzbühel fünf Personen. Der junge Mann erschoss seine 19-jährige Ex-Freundin, ihre Eltern, ihren Bruder sowie ihren neuen Freund im Wohnhaus der Familie. Nach der Tat stellte sich der 25-Jährige selbst. Das Motiv dürfte Eifersucht gewesen sein: https://www.nachrichten.at/panorama/chronik/fuenf-menschen-in-kitzbuehel-ermordet-taeter-gefasst;art58,3173511 [zuletzt abgerufen am 02.01.2020].

114 Vgl. Lioba WERT, Jennifer MAYER, *Sozialpsychologie*, 471.

115 BUSCHMANN 1998, nach Lioba WERT, Jennifer MAYER, *Sozialpsychologie*, 473.

116 Jan ASSMANN, *Religion und kulturelles Gedächtnis*, 110.

117 Vgl. ebenda, 12.

118 Vgl. Jan ASSMANN, *Das kulturelle Gedächtnis*, 130.

119 Ebenda, 131.

120 Vgl. Alexander und Margarete MITSCHERLICH, *Die Unfähigkeit zu trauern. Grundlagen kollektiven Verhaltens*, München [26]2016, 96.

121 Jan ASSMANN, *Religion und kulturelles Gedächtnis*, 38.

122 Ebenda, 38–40.

123 Ebenda, 118.

124 Vgl. Ebenda.

125 Vgl. Ursula FLOSSMANN (Hg.), *Frauengeschichte*, 2.

126 Ebenda.

127 Ebenda, 15.

128 Vgl. BIRKHAN 1996, zitiert nach Ursula FLOSSMANN, *Frauengeschichte*, 16.

129 SCHÖNLAUB 1977, nach Ursula FLOSSMANN, *Frauengeschichte,* 17.

130 Vgl. Ursula FLOSMANN, *Frauengeschichte*, 20–24.

131 Exo 22,17.

132 Vgl. MONTER bei OPITZ, nach Ursula FLOSSMANN, 44.

133 Vgl. Ebenda, 45.

134 Ebenda, 56.

135 ROUSSEAU zitiert nach Ursula FLOSSMANN, 65.

136 Staatsgrundgesetz über die allgemeinen Rechte der Staatsbürger – RGBI 1867/142. Art. 2 StGG.

137 Vgl. Ursula FLOSSMANN, *Frauengeschichte*, 149 f.

138 Vgl. Ebenda, 203.

139 Ebenda, 44.

140 Ebenda, 46 f.

141 Ebenda, 49.

142 Vgl. Ebenda, 53.

143 Vgl. https://www.amnesty.de/alle-30-artikel-der-allgemeinen-erklaerung-der-menschenrechte [zuletzt abgerufen am 27.04.21]

144 https://www.bmbwf.gv.at/Themen/schule/schulrecht/rs/2018_21.html [zuletzt abgerufen am 23.03.21]

145 Mario ERDHEIM, *Psychoanalyse und Unbewusstheit in der Kultur*, 171.

146 Ebenda, 197.

147 Ebenda.

148 https://www.bmbwf.gv.at/Themen/schule/schulrecht/rs/2018_21.html [zuletzt abgerufen am 23.03.21]

149 HEROES® Steiermark, Verein für Männer und Geschlechterthemen, https://vmg-steiermark.at/de/empfehlung/heroesr-steiermark-gegen-unterdrueckung-im-namen-der-ehre [zuletzt abgerufen am 14.05.2021].

150 HELDINNEN. Mein Leben in meiner Hand, Konzept Emina SARIC 2017, durchgeführt bei der CARITAS der Diözese Graz-Seckau: https://www.caritas-steiermark.at/heldinnen/ [Link nicht mehr aktiv].

151 JA.M, Mädchenzentrum MAFALDA: https://www.mafalda.at/maedchenbereich/ja-m-maedchenzentrum/ [zuletzt abgerufen am 01.03.2021].

152 https://www.caritas-steiermark.at/heldinnen/ [Link nicht mehr aktiv].

153 Vgl. Joachim BAUER, *Prinzip Menschlichkeit*, 215.

Literaturverzeichnis

AMNESTY INTERNATIONAL, „Die Freiheit, sich zu kleiden. Kleidervorschriften und Frauenrechte“, 2011: https://www.amnesty.ch/de/themen/frauenrechte/tradition-religion-und-frauenrechte/kleidervorschriften [zuletzt abgerufen am 26.02.2021].

AMNESTY INTERNATIONAL, „Deine Rechte auf einen Blick. Alle 30 Artikel der Allgemeinen Erklärung der Menschenrechte“: https://www.amnesty.de/alle-30-artikel-der-allgemeinen-erklaerung-der-menschenrechte [zuletzt abgerufen am 26.02.2021].

Jan ASSMANN, *Das kulturelle Gedächtnis. Schrift, Erinnerung und politische Identität in frühen Hochkulturen*, München [6]2007.

Jan ASSMANN, *Religion und kulturelles Gedächtnis*, München [5]2018.

Joachim BAUER, *Prinzip Menschlichkeit. Warum wir von Natur aus kooperieren*, München 2006.

Joachim BAUER, *Wie wir werden, wer wir sind. Die Entstehung des menschlichen Selbst durch Resonanz*, München 2019.

Joachim BAUER, *Schmerzgrenze. Vom Ursprung alltäglicher und globaler Gewalt*, München 2013.

Die BIBEL, *Altes und Neues Testament*, Freiburg 1980.

BUNDESMINISTERIUM FÜR BILDUNG, WISSENSCHAFT UND FORSCHUNG, „Grundsatzerlass ‚Reflexive Geschlechterpädagogik und Gleichstellung‘“, 2018: https://www.bmbwf.gv.at/Themen/schule/schulrecht/rs/2018_21.html [zuletzt abgerufen am 26.02.2021].

Pierre BOURDIEU, *Die männliche Herrschaft*, Frankfurt am Main [3]2016.

Ines BURCKHARD, „Kein anderer Mann soll sie heiraten“, in: *Terre des Femmes*, 3/2006: https://www.frauenrechte.de/images/downloads/zeitschriften/zeitschrift-3-06/saeureattentate.pdf [zuletzt abgerufen am 26.02.2021].

Norbert ELIAS, *Studie über die Deutschen. Machtkämpfe und Habitusentwicklung im 19. und 20. Jahrhundert*, Frankfurt am Main 1992.

Mario ERDHEIM, *Psychoanalyse und Unbewusstheit in der Kultur*, Frankfurt am Main 1988.

Andreas ERNST, „Balkan-Machos und Frauen-Power", in: *NZZ*, 2012: https://www.nzz.ch/balkan-machos-und-frauen-power-1.17722749 [zuletzt abgerufen am 26.02.2021].

Lucien FEBVRE, *Honneur et Patrie*, Paris 1996.

Ursula FLOSSMANN (Hg.), *Frauengeschichte. Ein Leitfaden für den Rechtsunterricht*, Linz [2]2006.

Theodor FONTANE, *Effi Briest, Frau Jenny Treibel*, Trautwein 1996.

Ute FREVERT, *Vergängliche Gefühle*, Göttingen 2016.

Fabian GOLDMANN, „Fünf Fakten über Ehrenmorde", 2018: https://www.gwi-boell.de/de/2018/11/01/fuenf-fakten-ueber-ehrenmorde [zuletzt abgerufen am 23.03.2021].

Daniel HAUN, Martin WERTENBRUCH, „Forschungen und Entwicklungen zum Konzept der Ehre als Potenzial für Konflikte zwischen Kulturen", in: *ÖIF*, Dossier n°31, Wien 2013.

HEROES® Steiermark: https://vmg-steiermark.at/de/empfehlung/heroesr-steiermark-gegen-unterdrueckung-im-namen-der-ehre [zuletzt abgerufen am 26.02.2021].

HELDINNEN – Mein Leben in meiner Hand: https://www.caritas-steiermark.at/heldinnen/ [Link nicht mehr aktiv].

Geert HOFSTEDE, Jan Gert HOFSTEDE, Michael MINKOV, *Lokales Denken, globales Handeln: Interkulturelle Zusammenarbeit und globales Management*, München 2017 (Kindle-Edition).

Miljenko JERGOVIĆ, *Vater*, Frankfurt am Main 2015.

Karl KASER, *Macht und Erbe. Männerherrschaft, Besitz und Familie im östlichen Europa (1500–1900)*, Wien–Köln–Weimar 2000.

Karl KASER, *Freundschaft und Feindschaft auf dem Balkan. Euro-balkanische Herausforderungen. Essay*, Klagenfurt 2001.

Mouhanad KHORCHIDE, Haci-Halil USLUCAN, „Gutachten zur Frage des Kopftuchtragens von Mädchen unter 14 Jahren": https://www.mkffi.nrw/sites/default/files/asset/document/gutachten_zu_der_frage_des_kopftuchtragens_bei_maedchen_unter_14_jahren.pdf [zuletzt abgerufen am 26.02.2021].

Christina KRAKER-KÖLBL, *Gewalt im Namen der Ehre und Zwangsheirat in Österreich. Der Diskurs zwischen Marginalisierung und Polarisierung*, ungedr. Masterarbeit, Graz 2013: http://digital.obvsg.at/download/pdf/232406 [zuletzt abgerufen am 26.02.2021].

Stephan MARKS, „Scham und Ehre. Die verborgene Dimension von Konflikt und Gewalt“, in: *Wissenschaft & Frieden*, 3/2008: http://www.wissenschaft-und-frieden.de/seite.php?artikelID=1486 [zuletzt abgerufen am 26.02.2021].

Ursula MÄHNER-EHRIG, „Eine Frage der Ehre – Psychoanalytische Betrachtung zu Ehrbegriff und Ehrgefühl“, ungedr. Skriptum, o. O. 2006.

Fatema MERNISSI, *Die Angst vor der Moderne. Frauen und Männer zwischen Islam und Demokratie*, München 1996.

Corinna MILBORN, „Weibliche Genitalverstümmelung in Europa“, in: Birgit SAUER, Sabine STRASSER (Hg.), *Zwangsfreiheiten. Multikulturalität und Feminismus*, Wien 2008.

Abd-al-Hakim MUHAMMAD, *Al-Qadi al Libas wa'zzina, As-sunna al mutahhara*, Kairo 1988.

Lisa NIMMERVOLL, „Emina Saric über das Kopftuch: Ein Feldzug gegen den Frauenkörper“, in: *Der Standard*, 2018: https://www.derstandard.at/story/2000084847630/migrationsexpertin-ueber-das-kopftuch-ein-feldzug-gegen-den-frauenkoerper [zuletzt abgerufen am 26.02.2021].

Anne Mireille NZOUANKEU, Carola FRENTZEN, „Die traumatische Prozedur des Brustbügelns“, in: *Welt*, 2013: https://www.welt.de/gesundheit/article121214572/Die-traumatische-Prozedur-des-Brustbuegelns.html [zuletzt abgerufen am 26.02.2021].

Ruud PETERS, „Todesstrafe Steinigung“, 2017: https://www.deutschlandfunk.de/sure-4-vers-15-todesstrafe-steinigung.2395.de.html?dram:article_id=382566 [zuletzt abgerufen am 26.02.2021].

Mathias ROHE, *Das islamische Recht. Eine Einführung*, München 2013.

Emina SARIC, „Frauenspezifische Fluchtgründe und ihre Auswirkungen auf die rechtliche und soziale Lebenssituation der Migrantinnen mit den Schwerpunkten Genitalverstümmelung, Zwangsverheiratung und Frauenhandel“, ungedr. Masterarbeit, Graz 2012: https://unipub.uni-graz.at/obvugrhs/content/titleinfo/217150 [zuletzt abgerufen am 26.02.2021].

Emina SARIC, „Zwangsheirat als traditionsbedingte Gewalt im Namen der ‚Ehre‘“, in: Gertraud DIENDORFER, Simon USATY (Hg.), *Geschlechtergeschichte und Geschlechterpolitik. Alte und neue Herausforderungen*, Wien 2018: http://www.demokratiezentrum.org/fileadmin/media/pdf/Materialien/WP3_Geschlechtergeschichte_online_LF.pdf [zuletzt abgerufen am 26.02.2021].

Anne-Katherine SIMON, „Moses, Mohammed und die Steinigung“, in: *Die Presse*, 2010: https://www.diepresse.com/610360/moses-mohammed-und-die-steinigung [zuletzt abgerufen am 26.02.2021].

Borisav STANKOVIĆ, *Hadschi Gajka verheiratet sein Mädchen*, Berlin 1956.

Dervis SUŠIĆ, *Pobune. Izabrana djela*, Tuzla 1980.

Christine SCHIRRMACHER, „Ehrenmorde unter Berücksichtigung rechtlicher, soziologischer, kultureller und religiöser Aspekte“, Internationale Gesellschaft für Menschenrechte: https://www.igfm.de/ehrenmorde-zwischen-migration-und-tradition/ [zuletzt abgerufen am 23.03.2021].

Petra SCHNÜLL, „Weibliche Genitalverstümmelung in Afrika“, in: TERRE DES FEMMES (Hg.), *Schnitt in die Seele. Weibliche Genitalverstümmelung – eine fundamentale Menschenrechtsverletzung*, Frankfurt am Main 2013.

TERRE DES FEMMES, „Gewalt im Namen der Ehre“: https://www.frauenrechte.de/online/index.php/themen-und-aktionen/gewalt-im-namen-der-ehre [zuletzt abgerufen am 26.02.2021].

TERRE DES FEMMES, „Weibliche Genitalverstümmelung“: https://www.frauenrechte.de/unsere-arbeit/themen/weibliche-genitalverstuemmelung [zuletzt abgerufen am 26.02.2021].

TERRE DES FEMMES, „Brustbügeln – eine wenig bekannte harmful practice“: https://www.frauenrechte.de/unsere-arbeit/themen/weibliche-genitalverstuemmelung/aktuelles/archiv/2043-brustbuegeln-eine-wenig-bekannte-harmful-practice [zuletzt abgerufen am 26.02.2021].

Alexander THOMAS, Astrid UTLER: „Kultur, Kulturdimensionen und Kulturstandards“, in: *Handbuch Stress und Kultur. Interkulturelle und kulturvergleichende Perspektive,* Wiesbaden, 2013.

Ahmet TOPRAK, Aladin EL-MAAFALANI, *Muslimische Kinder und Jugendliche in Deutschland. Lebenswelten – Denkmuster – Herausforderungen,* Sankt Augustin–Berlin: Konrad-Adenauer-Stiftung 2011: https://www.kas.de/c/document_library/get_file?uuid=db25b34c-1fa9-18ca-8880-e6dc8e997ed6&groupId=252038 [zuletzt abgerufen am 26.02.2021].

UNITED NATIONS HUMAN RIGHTS, „Die Allgemeine Erklärung der Menschenrechte“, 1948: https://www.ohchr.org/EN/UDHR/Pages/Language.aspx?LangID=ger [zuletzt abgerufen am 26.02.2021].

Lioba WERT, Jennifer MAYER, *Sozialpsychologie,* Berlin 2008.

WHO (World Health Organization), „Female genital mutilation“, in: *Key Facts,* 2018: http://www.who.int/mediacentre/factsheets/fs241/en/ [zuletzt abgerufen am 26.02.2021].

Passagen Thema

Nina Scholz (Hg.)

Gewalt im Namen der Ehre

Menschenrechtsverletzungen, die überkommenen Ehrvorstellungen geschuldet sind, wurden durch den Zuzug von Menschen aus konservativen islamischen Milieus auch in westeuropäischen Gesellschaften zu einem Phänomen. In der Vorstellungswelt vieler muslimischer Familien ist Ehre etwas, das dem Kollektiv Familie als Ganzem anhaftet, ein Besitz, den man verlieren kann und der verteidigt werden muss, um das Ansehen der Familie nicht zu gefährden. Im Kern geht es dabei um das sexuelle Wohlverhalten der Mädchen und Frauen. Diese Vorstellungen haben gravierende Auswirkungen auf die Entwicklung und die Chancen von Mädchen, aber auch auf die Erziehung von Jungen. Die auf diese Vorstellungen zurückzuführenden Menschenrechtsverstöße geraten meist nur dann ins Bewusstsein der Öffentlichkeit, wenn sie in einem Ehrenmord gipfeln. Die Schicksale zahlreicher weiterer Mädchen und Frauen, die von ihren Familien zu einem Leben gemäß überkommener Ehrvorstellungen gezwungen werden, bleiben in der Regel unbemerkt vom Rest der Gesellschaft. Die Beiträge des Buches analysieren das Problem und eröffnen Lösungsmöglichkeiten.